Bunka 文化 日本語
WORKBOOK ❷

Completed by **Bunka Institute of Language**

머 리 말

『All new 개정판 文化日本語 WORK BOOK❷』(이하 WORK BOOK)은 『All new 개정판 文化日本語❸❹』(이하 교재)에서 학습한 문형을 정리하여 정착을 도모하기 위한 문제집입니다. 교재에서 학습한 모든 문형에 대응한 문제가 각과의 문형 순으로 제시되어 있습니다. 수업 중에 문형이 이해가 되었는지 아닌지를 확인하기 위해 사용하는 것으로, 수업 후에 학습자가 집에서 학습하는 것도 가능합니다. 문형 번호는 文型 2 와 같이 표시했습니다.

이 WORK BOOK에서는 각과의 문제 외에도 「의문사」, 「조사」, 「문형」을 복습하는 페이지 復習 를 마련했습니다. 복습 페이지에서는 예문을 정리해서 제시하여 문제를 만들었습니다. 교재의 학습이 끝난 단계에서 이 복습 페이지를 사용하는 것으로 학습내용을 정리하고, 문법을 정확하게 이해할 수 있습니다.

한자는 교재에 준하는 상용한자를 사용하고 후리가나를 달았지만 히라가나가 사용되는 것이 많은 어구는 히라가나로 표기했습니다. 또한, 정답에는 한자를 사용하여 후리가나를 달았지만 비한자권의 학습자가 이 WORK BOOK을 사용할 때에는 적당히 히리가나로 기입하도록 지도해 주세요.

이 WORK BOOK이 많은 학습자 여러분의 학습에 도움이 되기를 바랍니다.

2013년 8월

国　頭　美　紀
白　岩　麻　奈
八　田　浩　野
平　川　奈津子
広　田　周　子

목차

第19課 ……………………………………………………… 5
第20課 ……………………………………………………… 11
第21課 ……………………………………………………… 17
第22課 ……………………………………………………… 22
第23課 ……………………………………………………… 27
第24課 ……………………………………………………… 31
第25課 ……………………………………………………… 37
第26課 ……………………………………………………… 39
第27課 ……………………………………………………… 43
第28課 ……………………………………………………… 48
第29課 ……………………………………………………… 52
第30課 ……………………………………………………… 56
第31課 ……………………………………………………… 60
第32課 ……………………………………………………… 65
第33課 ……………………………………………………… 68
第34課 ……………………………………………………… 71

復習 조사　第1課～第34課 ……………………………… 75

復習 문형　第1課～第34課 ……………………………… 81

정답 …………………………………………………… 105

第19課

Ⅰ-文型 1 絵を見て例のように書きなさい。

例) この___スカート___、___はいてみてもいいですか。___

1. この_____、_____

2. この_____、_____

3. この_____、_____

Ⅱ－文型 2 例のように □ の中から言葉を選んで、適当な形にして書きなさい。言葉は1回だけ使いなさい。

短い　甘い　寒い　大きい　弱い　静か　きれい

例1）前髪を＿＿短くして＿＿ください。

例2）コーヒーに砂糖を入れると、＿＿甘くなり＿＿ます。

1．（教室で）
　　先生：CD、聞こえますか。
　　学生：聞こえません。もう少し＿＿＿＿＿＿＿＿＿＿＿＿ください。

2．この辺は、夜になると、＿＿＿＿＿＿＿＿＿＿＿＿ます。

3．A：寒いですか。
　　B：ええ、ちょっと…。

　　A：エアコンを＿＿＿＿＿＿＿＿＿＿ましょうか。
　　B：お願いします。

4．A：すみません、
　　　　テーブルの上を＿＿＿＿＿＿＿＿＿＿ください。
　　B：はい。

5．冬になると、＿＿＿＿＿＿＿＿＿＿＿＿て、雪が降ります。

第19課

Ⅲ - 文型 3　絵を見て例のように書きなさい。

例) A：どうしたんですか。
　　B：宿題を__忘れてしまった__んです。

1. A：どうしたんですか。
　　B：消しゴムを_____んです。

2. A：服を_____ました。
　　B：だいじょうぶですか。

3. A：すみません。
　　　お皿を_____ました。
　　B：だいじょうぶですか。

IV - 文型 4　正しいものに○をつけなさい。

1. 冬休みの { a. 間、 / b. 間に、 } ずっと東京にいました。

2. 日本にいる { a. 間、 / b. 間に、 } 一度京都へ行きたいです。

3. 電車に乗っている { a. 間、 / b. 間に、 } 本を読んでいました。

4. 買い物をしている { a. 間、 / b. 間に、 } 自転車のかぎを落としてしまいました。

第19課

V - 文型 5 絵を見て例のように書きなさい。

佐藤さん　原さん　本田さん　吉田さん　山田さん　ヨウさん

例1) 佐藤さんは＿スーツを着て＿います。

例2) A：どの人が佐藤さんですか。
　　　B：＿スーツを着ている＿人です。

1. 山田さんはジーパンを＿＿＿＿＿て、サングラスを＿＿＿＿ています。

2. 吉田さんはワンピースを＿＿＿＿て、＿＿＿＿＿＿＿ています。

3. A：どの人が原さんですか。
　　B：＿＿＿＿＿＿＿て、＿＿＿＿＿＿＿人です。

4. A：＿＿＿＿＿＿＿人は誰ですか。
　　B：ああ、本田さんですよ。

5. A：＿＿＿＿＿＿て、＿＿＿＿＿＿＿人は
　　　誰ですか。
　　B：ヨウさんです。

VI - 文型 6　絵を見て例のように書きなさい。

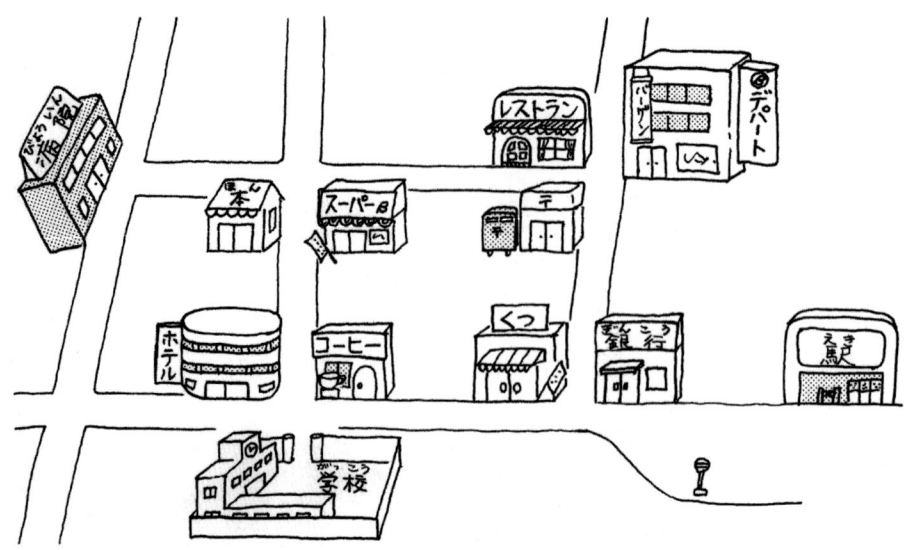

例) 駅を出て、右へ少し行くと、右側に＿＿銀行＿＿があります。

1. 駅を出て、右へ少し行くと、右側に銀行があります。そこを右に曲がって

    まっすぐ行くと、右側に＿＿＿＿＿＿＿＿があります。その前に＿＿＿＿＿＿＿＿

    があります。

2. 学校を出て、ホテルと喫茶店の間をまっすぐ行くと、左側に

    ＿＿＿＿＿＿＿＿があります。そこを左に曲がってまっすぐ行くと、

    突き当たりに＿＿＿＿＿＿＿＿があります。

3. 学校を出て、ホテルと喫茶店の間をまっすぐ行くと、

    右側に＿＿＿＿＿＿＿＿があります。そこを右に曲がってまっすぐ行くと、

    右側に＿＿＿＿＿＿＿＿があります。

第20課

Ⅰ-文型 1 表を完成させなさい。

辞書形	グループ	意志形	辞書形	グループ	意志形
行く			踊る		
読む			就職する		
起きる			買う		
書く			受ける		
来る			話す		
帰る			借りる		

Ⅱ-文型 1・2 例のように質問に答えなさい。

例1) A：春休みはどうしますか。

　　　B：＿旅行に行こうと思っています。＿（意志形）

例2) A：夏休みに国へ帰りますか。

　　　B：＿いいえ、帰らないつもりです。＿（つもり）

1. A：夏休みはどうしますか。

　　B：＿＿＿＿＿＿＿＿＿＿＿＿＿＿＿＿＿＿＿＿＿＿＿（意志形）

2. A：日本語学校を卒業した後、どうしますか。

　　B：＿＿＿＿＿＿＿＿＿＿＿＿＿＿＿＿＿＿＿＿＿＿＿（意志形）

3. A：次の日曜日にどこかへ行きますか。

　　B：＿＿＿＿＿＿＿＿＿＿＿＿＿＿＿＿＿＿＿＿＿＿＿（つもり）

4．A：冬休みにアルバイトをしますか。

   B：＿＿＿＿＿＿＿＿＿＿＿＿＿＿＿＿＿＿＿＿＿＿＿＿＿＿＿（つもり）

Ⅲ－ 文型 3 例のように□の中から言葉を選んで、適当な形にして書きなさい。

新しい車を買う　　　日本の大学に入る
健康　　　サッカーの試合　　　プレゼントを買う

例)　__新しい車を買う__　ために、貯金をしています。

1．＿＿＿＿＿＿＿＿＿＿＿＿＿＿＿＿ために、毎日一生懸命勉強しています。

2．＿＿＿＿＿＿＿＿＿＿＿＿＿＿＿＿ために、野菜ジュースを飲んでいます。

3．来月の＿＿＿＿＿＿＿＿＿＿＿＿＿ために、毎日3時間練習しています。

4．＿＿＿＿＿＿＿＿＿＿＿＿＿＿＿＿ために、放課後、デパートへ行きます。

Ⅳ－ 文型 4 表を完成させなさい。

辞書形	グループ	「～ば」の形	辞書形	グループ	「～ば」の形
買う			走る		
見る			見せる		
来る			行く		
出す			飲む		
食べる			練習する		

V-文型 4 例のように□の中から言葉を選んで、適当な形にして書きなさい。

練習する　　見る　　走る　　聞く　　見せる

例) A：スキーをしたいんですが、難しいでしょうか。
　　B：だいじょうぶですよ。__練習すれ__ば、上手になりますよ。

1. A：映画のチケットは1,800円ですか。
   B：ええ。でも、学生証を_____ば、安くなりますよ。

2. A：もう9時10分前ですね。9時の電車に間に合うでしょうか。
   B：_____ば、間に合うと思います。急ぎましょう。

3. 学生：目が痛いんです。この近くに病院はありますか。
   先生：さあ…、ちょっとわかりません。
   　　　でも、教務課で_____ば、わかりますよ。
   学生：そうですか。ありがとうございます。

4. A：すき焼きを作るのは難しいでしょうか。
   B：料理の本を_____ば、作れると思いますよ。

VI - 文型 5 例のように書きなさい。

例) A：ワンさんの誕生日を知っていますか。
　　B：はい、__知っています。__

1. A：キムさんの電話番号を知っていますか。
　　B：はい、_____

2. A：すき焼きの作り方を知っていますか。
　　B：いいえ、_____

3. A：ラフルさんは進学説明会の場所を知っているでしょうか。
　　B：ええ、たぶん_____だろうと思います。

VII - 文型 6 例のように書きなさい。

例)（タイ料理／トムヤムクン）
　　A：__トムヤムクン__という__タイ料理__を知っていますか。
　　B：いいえ、知りません。

1.（レストラン／銀河亭）
　　A：_____という_____へ行ったことがありますか。
　　B：ええ、あります。とてもおいしかったですよ。

2.（「ローマの休日」／映画）
　　A：_____という_____を見たことがありますか。
　　B：ええ。高校生の時に見ました。

3.（新しい歌／「さくら」）

　　A：森春子の＿＿＿＿＿＿という＿＿＿＿＿＿＿＿を聞きましたか。

　　B：はい、聞きました。とてもいい歌ですね。

Ⅷ－ 文型 7　例のように書きなさい。

例1）9時10分までに　来なくてはいけません。
　　　　　　　　　　　　（来る）

例2）テストは9時からです。　遅れてはいけません。
　　　　　　　　　　　　　　　（遅れる）

1. 先生：入学願書はきれいな字で＿＿＿＿＿＿＿＿＿＿＿＿＿＿よ。
　　　　　　　　　　　　　　　　　　　　　　　　（書く）

　　学生：はい。先生、えんぴつで書いてもいいですか。

　　先生：いいえ、えんぴつで＿＿＿＿＿＿＿＿＿＿＿＿＿＿
　　　　　　　　　　　　　　　　　（書く）

2. この本は図書館で借りました。

　　来週の金曜日までに＿＿＿＿＿＿＿＿＿＿＿＿＿＿
　　　　　　　　　　　　　　　　　（返す）

3. A：今晩、映画を見に行きませんか。

　　B：すみません。行きたいんですが、今日は6時までにうちへ

　　＿＿＿＿＿＿＿＿＿＿＿＿＿ので…。
　　　　　　（帰る）

IX - 文型 8 例のように書きなさい。

例1) A：ワンさんは今どこにいますか。

　　　B：さあ、__どこにいるか__　わかりません。

例2) A：東京スカイツリーは駅から近いでしょうか。

　　　B：さあ、__近いかどうか__　わかりません。

1. 良子：ワンさんはお酒を飲みますか。

　　京子：さあ、_____わかりません。

2. A：冬休みはいつからですか。

　　B：_____わかりません。先生に聞いてみましょう。

3. 警察官：どこで財布を落としましたか。

　　ラフル：_____わからないんです。

4. 田中：サラさんはおすしが食べられるでしょうか。

　　山本：さあ、_____わからないので、

　　　　聞いてみましょう。

5. チン：東都大学の寮は新しいでしょうか。

　　キム：さあ、_____わかりません。

　　　　調べてみましょう。

第21課

Ⅰ－文型1 例のように書きなさい。

例) 夏休みになったら、<u>旅行しよう</u>と思っています。
　　（夏休みになる・旅行する）

1. _____と思っています。
　　（冬休みになる・スキーに行く）

2. _____つもりです。
　　（テストが終わる・友達とカラオケに行く）

3. _____ください。
　　（お皿を洗う・そうじをする）

Ⅱ－文型2 絵を見て例のように書きなさい。

例) 昨日、窓を<u>閉めないで</u>帰ってしまいました。

1. A：砂糖を入れましょうか。
　　B：ありがとうございます。でも、私はいつも砂糖を

　　　_____飲むんです。

2. 今朝は遅く起きたので、

　　朝ごはんを＿＿＿＿＿＿＿＿＿＿学校へ来ました。

3. 日本では、靴を＿＿＿＿＿＿＿＿＿＿

　　うちに上がってはいけません。

Ⅲ-文型3 例のように書きなさい。

例) A：どうしたんですか。

　　B：熱があるんです。

　　A：そうですか。今日は早く＿帰ったほうがいいです＿よ。

1. A：どうしたんですか。

　　B：ゆうべ、寝ないでゲームをしたんです。

　　A：じゃ、今晩は早く＿＿＿＿＿＿＿＿＿＿＿＿＿＿＿＿＿＿＿よ。

2. A：夏休みに北海道へ行こうと思っているんです。

　　B：北海道は人気があるから、

　　　　早く切符を＿＿＿＿＿＿＿＿＿＿＿＿＿＿＿＿＿＿＿よ。

3. リー：明日、国から友達が来るので、学校を休もうと思っているんです。

　　ワン：そうですか。でも、明日は大切なテストがあるから、

　　　　＿＿＿＿＿＿＿＿＿＿＿＿＿＿＿＿＿＿＿よ。

第21課

IV - 文型 4　正しいものに○をつけなさい。

1. A：この宿題は、明日出さなくてはいけませんか。

　　B：いいえ、明日 ｛ a．出さなくてもいいです。
　　　　　　　　　　　 b．出さなくてはいけません。 ｝

　　来週の月曜日までに出してください。

2. （バスで）
　　A：子供もお金を払わなくてはいけませんか。

　　B：いいえ、小さい子供は ｛ a．払わなくてもいいです。
　　　　　　　　　　　　　　　 b．払わなくてはいけません。 ｝

3. A：明日のパーティーは、スーツを着て行ったほうがいいですか。

　　B：いいえ、｛ a．着なくてもだいじょうぶですよ。
　　　　　　　　 b．着ないほうがいいです。 ｝

4. チン：ホームステイをする時は、うちの手伝いをしたほうがいいですか。

　　鈴木：ええ、｛ a．しなくてもいいですよ。
　　　　　　　　　 b．したほうがいいですよ。 ｝

Ⅴ- 文型 5 例のように正しい順番に並べかえなさい。

例） 弟が／これは／かいた／絵です

　→　これは弟がかいた絵です。

1. ディズニーランドで／撮った／これは／友達と／写真です

　→ _____

2. 私が／勉強している／英語を／学校です／ここは

　→ _____

3. 私が／あります／店は／帽子を／買った／渋谷に

　→ _____

4. 先週／母と行く／友達と行った／レストランに／つもりです

　→ _____

Ⅵ - 文型 6 絵を見て例のように書きなさい。

例) 客：男性の服はありますか。
店員：すみません。
　　　__女性の服しかない__ んです。

1. 客：これの青はありますか。
店員：すみません。
　　　_____んです。

2. 客：子供の靴はありますか。
店員：すみません。
　　　_____んです。

3. 山本：日本語の歌が歌えますか。
ジム：いいえ、
　　　_____んです。

第22課

Ⅰ-文型 1・2 絵を見て例のように書きなさい。

例) 男の人：＿＿重そうです＿＿ね。手伝いましょうか。
　　　　　　（重い）

　　女の人：すみません。お願いします。

1. 武：何を見ましょうか。

　　良子：この映画が＿＿＿＿＿＿＿＿＿＿＿＿＿＿よ。
　　　　　　　　　　　　（おもしろい）

2. A：この店の野菜はあまり＿＿＿＿＿＿＿＿＿＿＿＿＿＿
　　　　　　　　　　　　　　　　　　（新鮮）

　　＿＿＿＿＿＿＿＿＿＿＿＿＿＿ね。

　　B：そうですね。

3. A：＿＿＿＿＿＿＿＿＿＿＿＿＿ケーキですね。
　　　　　　（おいしい）

　　B：そうですね。

4. ＿＿＿＿＿＿＿＿＿＿＿＿と思って、この本を買ったんですが、難しかったです。
　　　（簡単）

5. A：あのう、かばんが＿＿＿＿＿＿＿＿＿＿＿＿よ。
   （落ちる）

   B：あ、ありがとうございます。

6. A：雨が＿＿＿＿＿＿＿＿＿＿＿＿ね。
   （降る）

   B：そうですね。

Ⅱ-文型3　正しいものに○をつけなさい。

1. A：そのスーツ、すてきですね。

   B：ありがとうございます。

   A：私もそんなスーツが
   - a．ほしかったんです。
   - b．ほしいんです。
   - c．ほしいんですが。

2. リー：ワンさん、お誕生日おめでとうございます。これ、プレゼントです。

   ワン：ありがとうございます。

   ちょうど、こんなのが
   - a．ほしいんです。
   - b．ほしかったんです。
   - c．ほしいと思っているんです。

3. （薬屋で）

   客：すみません、かぜ薬が
   - a．ほしいんですが。
   - b．ほしいと思っていたんです。
   - c．ほしかったんですが。

Ⅲ－ 文型 4・5 例のように書きなさい。

例1) 母の日に、私は母＜ に ＞カーネーションを あげました。

例2) クリスマスに、僕はお父さん＜ に ＞ゲームを もらいました。

1. バレンタインデーに、武さんは良子さん＜　　＞チョコレートを＿＿＿＿＿＿＿＿＿＿＿＿＿＿＿＿＿＿＿＿

2. キム：ワンさんの誕生日に何かあげますか。

   マリー：ええ、ネックレス＜　　　＞＿＿＿＿＿＿＿＿＿＿と思っています。

3. A：すみません、

   これ、＿＿＿＿＿＿＿＿＿＿もいいですか。

   B：ええ、どうぞ。

4. 武：私はネクタイをたくさん持っていますが、去年の誕生日に

   良子さん＜　　　＞＿＿＿＿＿＿＿＿＿＿ネクタイをいちばん

   大切にしています。

Ⅳ - 文型 5・6　正しいものに○をつけなさい。

1. 優太君は青い帽子を
   - a．ほしいです。
   - b．ほしがっていました。
   - c．ほしかったです。

2. A：この映画、おもしろかったですよ。

   B：あ、そうですか。私も
   - a．見たいと思っているんです。
   - b．見たがっているんです。
   - c．ほしいと思っているんです。

   A：そうですか。山田さんも
   - a．ほしがっていましたよ。
   - b．見たがっていましたよ。
   - c．見たいと思っていましたよ。

3. A：あ、これ、妹が
   - a．ほしかった
   - b．ほしがっていた
   - c．ほしい

   雑誌です。

   B：そうですか。

4. 店員：いらっしゃいませ。

   客：あのう、スニーカーが
   - a．ほしいんですが。
   - b．ほしかったんですが。
   - c．ほしがっているんですが。

Ⅴ - 文型 7 例のように書きなさい。

例) A：京子さんは会社員ですか。
　　B：いいえ、__会社員じゃなくて、学生です。__
　　　　　　　　　（学生）

1. A：パーティーは土曜日ですか。

　　B：いいえ、_____
　　　　　　　　　　　　　　（日曜日）

2. A：そのおすしはどこで買ったんですか。

　　B：これは_____
　　　　　　　　　　　　（自分で作る）

3. A：そのプレゼントは誰にもらったんですか。

　　B：これは_____
　　　　　　　　　　　（これから友達にあげる）

　　_____

第23課

I - 文型 1 例のように □ の中から言葉を選んで、適当な形にして書きなさい。

忙しい　　増える　　減る　　楽しい　　難しい

例) 最近、仕事が　忙しくなってきました。

1. A：最近、たばこを吸う人が_____ね。
   B：そうですね。私の父も吸わなくなりました。

2. 田中：日本の生活はどうですか。
   キム：初めは大変でしたが、

   　　　だんだん_____

3. A：大学の勉強はどうですか。
   B：初めはあまり難しくありませんでしたが、

   　　　だんだん_____

4. A：最近、この辺は車が_____ね。
   B：そうですね。前は車が少なくて静かでしたね。

Ⅱ-文型1 グラフを見て例のように書きなさい。

例） 結婚しない人が増えてきました。

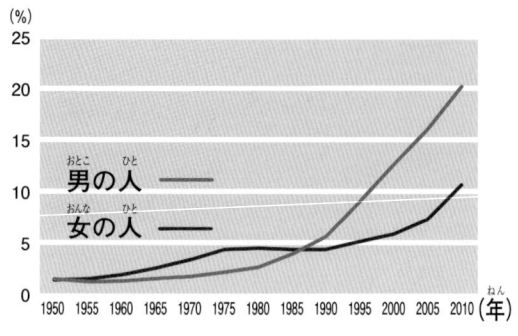
結婚しない人

1. ＿＿＿＿＿＿＿＿＿＿＿＿＿＿＿＿＿＿＿＿＿＿＿

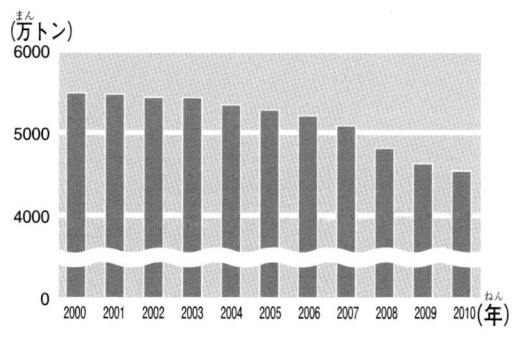
ごみの量

2. ＿＿＿＿＿＿＿＿＿＿＿＿＿＿＿＿＿＿＿＿＿＿＿

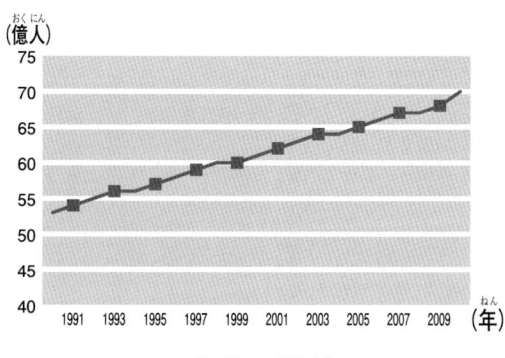
世界の人口

統計資料出典
例）国立社会保障・人口問題研究所「人口統計資料集（2012年版）」、1. 環境省大臣官房　廃棄物・リサイクル対策部　廃棄物対策課「一般廃棄物の排出及び処理状況等（平成22年度）について」、2. UNITED NATIONS　Department of Economic and Social Affairs, WORLD POPULATION PROSPECTS, THE 2010 Revision

Ⅲ- 文型 2・3 例のように□の中から言葉を選んで、適当な形にして書きなさい。

話す　着る　会う　乗る　見る　食べる　きれい

例1) 英語の学校に通ったので、英語が＿話せるように＿なりました。
例2) 最近はお正月に着物を＿着なく＿なりました。

1. 鈴木：もう日本に慣れましたか。食べ物はだいじょうぶですか。

   チン：ええ。初めはさしみが食べられませんでしたが、

   　　　最近は＿＿＿＿＿＿＿＿＿＿＿＿＿＿なりました。

2. 妹は去年結婚して京都へ行ったので、

   あまり＿＿＿＿＿＿＿＿＿＿＿＿＿＿なりました。ちょっと寂しいです。

3. 良子：マリーさんはよく映画を見ますか。

   マリー：国ではよく見ましたが、

   　　　　日本に来てからはあまり＿＿＿＿＿＿＿＿＿＿＿＿なりました。

4. 田中：学校までどうやって来るんですか。

   キム：自転車です。国ではぜんぜん乗りませんでしたが、

   　　　日本に来てからはよく自転車に＿＿＿＿＿＿＿＿＿＿＿＿なりました。

5. 部屋のそうじをしたので、部屋が＿＿＿＿＿＿＿＿＿＿＿＿なりました。

Ⅳ- 文型 4 例のように書きなさい。

例) A：富士山はどうでしたか。
　　B：　天気が悪かった　し、　寒かった　し、大変でした。

1. リー：パクさんの部屋はどんな部屋ですか。

　　パク：＿＿＿＿＿＿＿＿＿し、＿＿＿＿＿＿＿＿＿し、とてもいい部屋です。

　　リー：田中さんの部屋もいい部屋ですか。

　　田中：いいえ、＿＿＿＿＿＿＿＿＿＿し、＿＿＿＿＿＿＿＿＿＿し、
　　　　　あまりいい部屋じゃありません。

2. A：北海道はどうでしたか。

　　B：＿＿＿＿＿＿＿＿＿＿＿し、＿＿＿＿＿＿＿＿＿＿＿し、
　　　　楽しかったです。

第24課

I - 文型 1 例のように書きなさい。

例) A：明日、図書館へ行く？
　　B：うん、<u>行く。</u>

1. A：ゆうべのドラマ見た？
   B：ううん、＿＿＿＿＿＿＿＿＿＿＿＿＿＿＿＿

2. A：学生会館は新しい？
   B：うん、＿＿＿＿＿＿＿＿＿＿＿＿＿＿＿＿

3. A：今度の日曜日、暇？
   B：ううん、＿＿＿＿＿＿＿＿＿＿＿＿＿＿＿＿

4. A：テストはどうだった？
   B：作文は難しかった。でも、会話は＿＿＿＿＿＿＿＿＿＿＿＿＿

5. A：＿＿＿＿＿＿＿＿＿＿＿＿＿＿＿＿
   B：ありがとう。

Ⅱ- 文型 2 　例のように書きなさい。

例) 　ワン：この本借りてもいい？

　　ラフル：　うん、いいよ。

　　　　　　（ええ、いいですよ。）

　　　　　　　　　ラフル（男）　ワン（女）

1. 　ワン：次は誰？

　　ラフル：＿＿＿＿＿＿＿＿＿＿＿＿＿＿＿＿＿
　　　　　　　　　（私です。）

2. 　ワン：どうしたの？

　　ラフル：＿＿＿＿＿＿＿＿＿＿＿＿＿＿＿＿＿
　　　　　　　　（熱があるんです。）

3. 　ラフル：ワンさん、消しゴム借りてもいい？

　　ワン：＿＿＿＿＿＿＿＿＿＿＿＿＿＿＿＿＿
　　　　　　　　（ええ、いいですよ。）

4. 　ラフル：このケーキ、＿＿＿＿＿＿＿＿＿＿＿＿＿＿＿＿＿
　　　　　　　　　　　　　　　（おいしいですね。）

　　ワン：そうだね。

5. 　ワン：どこへ行くの？

　　ラフル：＿＿＿＿＿＿＿＿＿＿＿＿＿＿　＿＿＿＿＿＿＿＿＿＿＿＿＿＿
　　　　　　　　（スーパーです。）　　　　　（パンを買いに行くんです。）

Ⅲ - 文型 3 例のように書きなさい。

例) A：___消しゴム貸して。___
　　　（消しゴムを貸してください。）
　　B：はい。

1. チン：_____
　　　　（明日、テストがあるから、勉強しなくてはいけません。）
　キム：そうだね。

2. ワン：ラフルさんはどこ？
　キム：_____
　　　　（食堂で昼ごはんを食べています。）

3. 良子：マリーさん、チンさんは夏休みに国へ帰る？
　マリー：_____
　　　　（いいえ、帰らないと言っていました。）

4. ワン：ラフルさん、_____
　　　　（すみません。借りた雑誌を汚してしまいました。）
　ラフル：その雑誌はもう読んだから、だいじょうぶだよ。

Ⅳ - 文型 4・5　正しいものに○をつけなさい。

1. リー：ワンさんの誕生日にいっしょに何か ｛ a．あげませんか。 / b．もらいませんか。 / c．くれませんか。 ｝

   マリー：そうですね。財布はどうですか。

   リー：ワンさんはこの前、お姉さんに財布を ｛ a．あげた / b．くれた / c．もらった ｝ と言っていましたよ。

   マリー：そうですか。じゃあ、ほかの物にしましょう。

2. 父がお正月に1万円 ｛ a．あげました。 / b．もらいました。 / c．くれました。 ｝

   私は今までに、こんなにたくさん ｛ a．あげた / b．もらった / c．くれた ｝ ことがなかったので、とてもうれしかったです。

3. A：あ、何か買ったの？

   B：うん。これは友達に ｛ a．あげるの。 / b．もらうの。 / c．くれるの。 ｝

4. 良子：武さんが弟に誕生日のプレゼントを ｛ a. あげたの。
　　　　　　　　　　　　　　　　　　　　　 b. もらったの。
　　　　　　　　　　　　　　　　　　　　　 c. くれたの。

　　京子：何をくれたの？
　　良子：財布。

5. A：駅前の新しいレストランへ行った？

　　B：うん。行った ｛ a. から、
　　　　　　　　　　　 b. けど、　　　あんまりおいしくなかった。
　　　　　　　　　　　 c. が、

6. A：映画の割り引き券が2枚 ｛ a. あって、
　　　　　　　　　　　　　　　 b. あるんだけど、　　いっしょに行かない？
　　　　　　　　　　　　　　　 c. あるんだが、

　　B：いいわね。

Ⅴ- 文型 4　下の会話を読んで、例のように「あげる」「もらう」「くれる」を
　　　　　　使って書きなさい。

> マリー・リー：ワンさん、お誕生日おめでとうございます。
> 　　　　　　　これは私たちからのプレゼントです。どうぞ。
> ワン：どうもありがとう。開けてみてもいいですか。
> マリー・リー：ええ。
> ワン：ああ、すてきなネックレスですね。
> 　　　本当にどうもありがとう。

例）マリーさんの日記

　今日はワンさんの誕生日だったので、リーさんといっしょにワンさんに

　ネックレスを＿＿あげた。＿＿

1. ワンさんの日記

　今日は１９歳の誕生日だ。私はマリーさんとリーさんにすてきな

　ネックレスを＿＿＿＿＿＿＿＿＿＿＿＿。来週の水曜日はマリーさんの誕生日だ。

　私はマリーさんにコーヒーカップを＿＿＿＿＿＿＿＿＿＿＿＿と思っている。

2. キム：ワンさん、すてきなネックレスですね。

　ワン：ありがとう。マリーさんとリーさんが＿＿＿＿＿＿＿＿＿＿＿＿んです。

第25課

I - 自動詞・他動詞 例のように自動詞か他動詞を選んで記号に○をつけ、適当な形にして書きなさい。

例) ボタンを押すと、ジュースが＿＿＿出＿＿＿ます。
　　　　　　　　　　（(a.) 出る　b. 出す）

1. お風呂は１１時までに＿＿＿＿＿＿＿ください。
　　　　　　　　　（a. 入る　b. 入れる）

2. メリーゴーランドが＿＿＿＿＿＿＿います。
　　　　　　　　　（a. 回る　b. 回す）

3. A：暗いですね。電気を＿＿＿＿＿＿＿ましょうか。
　　　　　　　　　　（a. つく　b. つける）

　　B：ええ。

4. A：このおもちゃ、ぜんぜん＿＿＿＿＿＿＿んです。
　　　　　　　　　　（a. 動く　b. 動かす）

　　B：そうですか…。

5. A：どうしたんですか。

　　B：寒いので、窓を＿＿＿＿＿＿＿たいんですが、
　　　　　　　　　（a. 閉まる　b. 閉める）

　　　＿＿＿＿＿＿＿んです。
　　　（a. 閉まる　b. 閉める）

6. 私は毎朝６時に＿＿＿＿＿＿＿、妹を＿＿＿＿＿＿＿ます。
　　　　　　　　（a. 起きる　b. 起こす）（a. 起きる　b. 起こす）

Ⅱ-練習a 文型1　正しいものに○をつけなさい。

1. A：あれ？　ボタンを { a. 押すと、 / b. 押して、 / c. 押しても、 } ジュースが出ないよ。

　　B：本当だ。

2. 手を { a. 出すと、 / b. 出ると、 / c. 出て、 / d. 出して、 } 水が出ます。

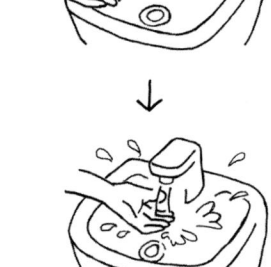

3. ふたを開けると音が出て、人形が { a. 動かします。 / b. 動きます。 / c. 動かしません。 / d. 動きません。 }

第26課

I - 文型 1　絵を見て例のように書きなさい。

例)　窓ガラスが割れている　ので、
　　気をつけてください。

1. _____ので、
　気をつけてください。

2. _____ので、
　気をつけてください。

3. A：_____よ。
　B：ありがとうございます。

4. A：_____よ。
　B：ありがとうございます。

Ⅱ－ 文型 2 例のように書きなさい。

例) 郵便局に転居届を__出しておき__ます。

1. 荷造りの時は、後ですぐわかるように、中に入れた物の名前を

　　段ボール箱に_____ましょう。

2. キム：ゴールデンウィークに両親が日本に来るので、

　　　　いっしょに北海道へ行こうと思っているんです。

　　山田：そうですか。ゴールデンウィークは旅行する人が多いから、飛行機の

　　　　切符やホテルを早く_____ほうがいいですよ。

3. A：旅行の準備はできた？

　　B：ううん、まだ。

　　A：明日の朝、早く出るから、

　　　　今日_____ほうがいいよ。

4. (教室で)

　　先生：今週の金曜日からこの問題集を授業で使います。

　　　　木曜日までに本屋で_____ください。

　　学生：はい。

III - 文型 3　正しいものに○をつけなさい。

1. 荷造りの時は、食器が { a. 割らない / b. 割れない / c. 割れる } ように、新聞紙などで包んでおきます。

2. 料理をする時は、服が { a. 汚れる / b. 汚れない / c. 汚さない } ようにエプロンをします。

3. 幸子：健志が帰ってきたら、すぐ { a. 食べる / b. 食べられる / c. 食べている } ように

　　サンドイッチを作っておきます。

4. 外国人も { a. わかる / b. わかれる / c. わからない } ように、漢字に読み方を書いておきます。

IV - 文型 4 例のように正しい順番に並べかえなさい。

例) 上／本／机／あります／に／が／の
　→　机の上に本があります。

1. 学校／窓／開けた／来て／まま／しまいました／を／へ

　→ _____

2. コンタクトレンズ／しまった／した／寝て／んです／まま／を

　→昨日、_____

3. 日本／靴／うち／いけません／はいた／上がっては／まま／で／に／は／を

　→ _____

第27課

I-文型1 例のように □ の中から言葉を選んで書きなさい。

```
どれ    どれも    どれでも
```

例) A：花、__どれ__を買いましょうか。

　　B：全部きれいですね。__どれでも__いいです。

```
何    何も    何でも
```

1．A：_____が食べたいですか。

　　B：私は_____いいです。

2．A：ディズニーランドで何か買いましたか。

　　B：いいえ、_____買いませんでした。

```
どちら    どちらも    どちらでも
```

3．A：コーヒーと紅茶と_____がいいですか。

　　B：コーヒーがいいです。

4．チン：日本ではサッカーと野球とどちらのほうが人気がありますか。

　　鈴木：_____同じぐらいですよ。

|　　いつ　　　いつも　　　いつでも　　|

5. A：この本、おもしろかったよ。読んでみない？

　　B：ありがとう。じゃあ、借りるね。いつ返せばいい？

　　A：＿＿＿＿＿＿＿＿＿＿いいよ。

6. A：パーティーが＿＿＿＿＿＿＿＿あるか知っていますか。

　　B：ええ。今度の日曜日ですよ。

Ⅱ－文型2 例のように□の中から言葉を選んで、適当な形にして書きなさい。

|　　終わる　　近い　　いい　　ある　　|

例) A：明日のパーティー、行きますか。

　　B：仕事が早く＿終われ＿ば行きますが、＿終わらなけれ＿ば行きません。

1. (電話で)

　　A：かぜ、だいじょうぶですか。明日、来られますか。

　　B：そうですね…。明日の朝、具合が＿＿＿＿＿＿＿＿ば行きますが、

　　＿＿＿＿＿＿＿＿ば電話します。

2. A：アルンさんのうちまで歩いて行きますか。

　　B：駅から＿＿＿＿＿＿＿＿ば歩いて行って、

　　＿＿＿＿＿＿＿＿ばタクシーで行きませんか。

　　A：そうですね。それがいいですね。

3. A：いつも晩ごはんを自分で作りますか。

 B：時間が＿＿＿＿＿＿＿＿ば作りますが、

 ＿＿＿＿＿＿＿＿ば外で食べます。

Ⅲ－ 文型 3 例のように書きなさい。

例) A：コンサートはもう始まりましたか。

 B：いいえ。ちょうど今、＿始まる＿ところです。

1. A：そのはさみ、貸して。

 B：ごめん。これから＿＿＿＿＿＿＿＿ところなんだ。

2.（放課後　教室で）

 A：今から喫茶店に行くんだけど、いっしょに行かない？

 B：ごめん。これから映画を＿＿＿＿＿＿＿＿ところなんだ。

3. 良子：ただいま。

 母：おかえりなさい。ちょうどよかったわ。

 これから晩ごはんを＿＿＿＿＿＿＿＿ところよ。

IV - 文型 4 例のように□の中から言葉を選んで、適当な形にして書きなさい。

食べる　　間に合う　　終わる　　読む　　行く

例1）このカレーはあまり辛くないので、全部　食べられそうです。

例2）このカレーは辛いので、全部　食べられそうにありません。

1. この本は簡単だから、子供にも_____

2. A：遅くなってすみません。コンサートが始まるまで１０分しかありませんね。

   B：ええ。でも会場まで近いから、走れば_____よ。

3. （電話で）

   先生：かぜはどうですか。明日、学校へ来られますか。

   学生：まだ熱が３８度もあるんです。明日も_____

4. （会社で）

   A：今夜、飲みに行きませんか。

   B：仕事が_____ので、今日はちょっと…。

第27課

V - 文型 5　正しいものに○をつけなさい。

1. 明日ディズニーランドに行くので、

　今日宿題を　{ a. 全部してみる / b. 全部している / c. 全部してしまう }　つもりです。

2. A：そのまんが、おもしろそうですね。

　B：ええ、おもしろかったですよ。

　　私はもう　{ a. 読んでしまいました / b. 読んでしまって / c. 読みます }　から、貸しましょうか。

3. A：すみません、ちょっと手伝ってくれませんか。

　B：はい。このメールを　{ a. 書いてみたら、 / b. 書いておいたら、 / c. 書いてしまったら、 }　すぐ行きます。

4. 願書の締切りを忘れないように　{ a. メモしてしまいます。 / b. メモしてみます。 / c. メモしておきます。 }

第28課

I − 文型 1・3・4 絵を見て例のように、「〜てあげる」「〜てくれる」「〜てもらう」を使って書きなさい。

例）西村：アルンさんにタイ料理の作り方を
　　　　　<u>教えてもらいました</u>。

1. 武：昨日、良子さんとドライブに行きました。
　　　私は良子さんを車でうちまで
　　　_____

　　良子：昨日のドライブは楽しかったです。
　　　　　武さんが車でうちまで
　　　　　_____

2. 宏：昨日、隣のおばあちゃんの荷物を
　　　_____。

　　おばあちゃんは、今日、僕に

　　アイスクリームを_____

3. ワン：きれいな着物ですね。買ったんですか。

 リー：いいえ。日本人の友達に_____んです。

4. 田中：この写真、とてもいいね。

 佐藤：そう？ これは、横浜へ行った時、

 原さんが_____んだ。

5. パク：私は日本料理を習いたいと思っています。

 夏休みに日本人の友達に_____つもりです。

Ⅱ-文型2　正しいものに○をつけなさい。

1. 今朝、うちを｛a. 出る／b. 出た｝時、電気を消すのを忘れました。

2. 日本へ｛a. 来る／b. 来た｝時、家族が空港まで送ってくれました。

3. 来月、国へ｛a. 帰る／b. 帰った｝時、高校の友達に会うつもりです。

4. 昨日、うちへ｛a. 帰る／b. 帰った｝時、荷物が重かったので、タクシーに乗りました。

5. マリーさんのうちへ遊びに｛a. 行く／b. 行った｝時、マリーさんの家族の写真を見せてもらおうと思っています。

Ⅲ-文型5　例のように □ の中から言葉を選んで書きなさい。

| その　　あの　　それ　　あれ　　そこ　　あそこ |

例）A：明日、銀河亭で待ち合わせをしましょう。
　　B：＿その＿店はどこにあるんですか。

1. キム：リーさん、牛丼を食べたことがありますか。

　　リー：いいえ。＿＿＿＿＿＿はどんな食べ物ですか。

　　キム：牛肉を煮て、ごはんの上にのせた日本の料理ですよ。

2. A：隣のクラスの田中さんを知っていますか。

   B：ええ、知っていますよ。

   A：最近、学校であまり見ませんが、病気でしょうか。

   B：ああ、＿＿＿＿＿＿人は学校を辞めて、アメリカに留学したそうですよ。

3. （午後6時　会社で）

   A：いっしょにごはんを食べに行きませんか。

   B：いいですよ。どこに行きましょうか。

   A：この近くにある「トントン」はどうですか。

   B：＿＿＿＿＿＿へは行ったことがありません。どんな店ですか。

   A：焼肉のレストランです。

   B：ああ、焼肉はちょっと…。駅前のイタリア料理のレストランはどうですか。

   A：「ナポリ」ですか。

   B：ええ。

   A：いいですね。＿＿＿＿＿＿のスパゲッティはおいしいですね。

   B：ええ。じゃあ、「ナポリ」に行きましょう。

第29課

I - 文型 1 例のように書きなさい。

例) 先生：マリーさんはいますか。
　　学生：いいえ、いません。今、＿＿帰ったところ＿＿です。
　　　　　　　　　　　　　　　　　　　（帰る）

1. A：ケーキを買って来たんですが、食べませんか。

   B：ありがとうございます。でも、今、ごはんを＿＿＿＿＿＿＿＿＿＿ですから、
   　　　　　　　　　　　　　　　　　　　　　　　（食べる）
   後でいただきます。

2. A：宿題、終わった？

   B：うん、今、＿＿＿＿＿＿＿＿＿＿＿＿＿だよ。
   　　　　　　　　　（終わる）

   A：じゃあ、いっしょにカラオケに行かない？

   B：いいね。

Ⅱ－文型 2　例のように書きなさい。

例1）先生：ワンさんが入院したと＿＿聞いて＿＿心配しました。
　　　　　　　　　　　　　　　　　　　（聞く）

例2）最近、夜＿＿寝られなくて＿＿困っています。
　　　　　　　　　（寝られる）

1. ラフル：落とした財布が＿＿＿＿＿＿＿＿＿＿本当によかったです。
　　　　　　　　　　　　　　　（見つかる）

2. 昨日、学校へ来たら、誰も＿＿＿＿＿＿＿＿＿＿びっくりしました。
　　　　　　　　　　　　　　　（いる）

3. 山本：英語は上手になりましたか。

　　木村：いいえ。＿＿＿＿＿＿＿＿＿＿困っているんです。
　　　　　　　　　（上手になる）

4. A：昨日のパーティーはどうでしたか。

　　B：いろいろな国の人と＿＿＿＿＿＿＿＿＿＿楽しかったです。
　　　　　　　　　　　　　　（話ができる）

Ⅲ － 文型 3・4　正しいものに○をつけなさい。

1. 京子：おいしそうなりんごね。どうしたの？

    良子：大家さんが { a．くださったの。 / b．いただいたの。 }

2. マリー：先日幸子さんに { a．くださった / b．いただいた } ケーキ、とってもおいしかったです。

    どうもありがとうございました。
    幸子：いいえ、どういたしまして。

3. 萩原先生が私の日本語の作文をみて { a．くださいました。 / b．いただきました。 }

4. 昨日、西田先生に本を貸して { a．くださいました。 / b．いただきました。 }

5. （病院で）

    萩原：ワンさん、一人で病院に来たの？

    ワン：いいえ。学生会館の遠藤先生が連れて来て { a．くださったんです。 / b．いただいたんです。 }

6. 幸子：日本の生活で何か困っていることはありませんか。

    マリー：寮の先生や先輩がいろいろ教えて { a．くださる / b．いただく } ので、

    だいじょうぶです。

IV - 文型 5 例のように書きなさい。

例) 外で食事をすると高いので、__自分で作るようにしています。__

1. 私は健康のために、_____

2. 早く日本語が上手になりたいので、_____

_____

第30課

Ⅰ- 文型 1・2 絵を見て例のように書きなさい。

例) どうぞ　お使い　ください。

1. どうぞ＿＿＿＿＿＿＿＿＿＿＿ください。

2. どうぞ＿＿＿＿＿＿＿＿＿＿＿ください。

3. どうぞ＿＿＿＿＿＿＿＿＿＿＿ください。

4. どうぞ＿＿＿＿＿＿＿＿＿＿＿ください。

5. すみませんが、

　　こちらで＿＿＿＿＿＿＿＿＿＿＿ください。

Ⅱ - 文型 2・3　正しいものに○をつけなさい。

1. 学生：先生はビールを
   - a．飲みますか。
   - b．召し上がりますか。
   - c．いただきますか。

   先生：はい、ときどき飲みます。

2. 学生：先生、ワンさんの住所を
   - a．知っていますか。
   - b．存じていますか。
   - c．ご存じですか。

   先生：ええ、知っていますよ。

3. 客：このナイフとフォークをください。
   店員：プレゼントですか。
   おうちで
   - a．使いますか。
   - b．お使いになりますか。
   - c．お使いしますか。

   客：
   - a．うちで使います。
   - b．うちでお使いになります。
   - c．うちでお使いします。

4. ウエートレス：おたばこを
   - a．吸いますか。
   - b．お吸いになりますか。
   - c．お吸いしますか。

   客：いいえ、
   - a．吸いません。
   - b．お吸いになりません。
   - c．お吸いしません。

5.
社員：明日、何時に { a．伺いましょうか。 / b．お行きしましょうか。 / c．いらっしゃいましょうか。 }

客：１０時に { a．伺ってください。 / b．お来になってください。 / c．来てください。 }

社員：じゃ、１０時に { a．お行きします。 / b．いらっしゃいます。 / c．参ります。 }

Ⅲ-文型4　絵を見て例のように書きなさい。

例１）　写真を撮っていただけませんか。

例２）　お持ちしましょうか。

1. _____

2. _____

3. _____

4. _____

IV - 文型 2・3 正しいものに○をつけなさい。

西田先生

4時ごろ { a. いらっしゃいました / b. 参りました } が、

先生は { a. いらっしゃいませんでした。 / b. おりませんでした。 }

5時ごろもう一度、{ a. お借りになった / b. お借りした } 本を持って

研究室に { a. いらっしゃいます。 / b. 参ります。 }

6月1日

チン　コウリョウ

第31課

I - 文型 1　絵を見て例のように書きなさい。

例) A：何かあったんでしょうか。

　　B：事故が　あった　みたいですよ。
　　　　　　　（ある）

1. A：どうしたんですか。

　　B：有名な俳優が＿＿＿＿＿＿＿＿みたいです。
　　　　　　　　　　　　（いる）

2. A：あれ？　道がぬれていますね。

　　B：雨が＿＿＿＿＿＿＿ようですね。
　　　　　　　（降る）

3. A：隣のうちにおみやげを持って行きましょう。

　　B：うん。でも、暗いから、まだ＿＿＿＿＿＿＿＿＿＿みたいだよ。
　　　　　　　　　　　　　　　　　　　　　　　（帰る）

Ⅱ - 文型 2　例のように「～ことにする」「～ことにした」を使って書きなさい。

例)　チン：マリーさん、鈴木さんのうちのパーティーに何を持って行きますか。

　　マリー：私は国の料理を作って、<u>持って行くことにしました。</u>

　　　　　　チンさんは？

　　チン：私は何を持って行くか迷っているんです。

　　マリー：そうですか。果物か飲み物はどうですか。

　　チン：いいですね。じゃ、果物を<u>持って行くことにします。</u>

1. 田中：冬休み、国に帰りますか。

　　パク：いいえ。日本で旅行をしたいので、

　　　　　_____

2. A：冬休み、いっしょにスキーに行きませんか。

　　B：ありがとう。でも、冬休みは

　　　アルバイトを_____ん です。

　　A：そうですか。でも、2日だけですよ。

　　　みんな行くから、行きましょうよ。

　　B：そうですね…。じゃ、_____

III - 文型 3 正しいものに○をつけなさい。

1. 一生懸命ギターの練習をしているのに、
   - a. 上手になりません。
   - b. 上手になります。
   - c. 上手になりました。

2. クーラーをつけたのに、
   - a. 涼しくなりました。
   - b. 涼しいです。
   - c. 涼しくなりません。

3. A：今日、初めてスキーをしました。
   B：え、本当ですか。
   初めてなのに、
   - a. 上手ですね。
   - b. 上手になりませんね。
   - c. 上手じゃありませんね。

4. 朝、ここに教科書を置いたのに、教科書が
   - a. あります。
   - b. ありません。
   - c. ありました。

IV - 文型 4 絵を見て例のように書きなさい。

例) デパートに ＿＿行ったら＿＿、休みでした。

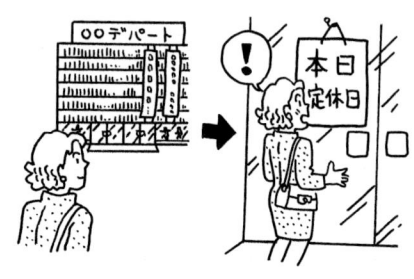

1. デパートに＿＿＿＿＿＿＿＿、友達に会いました。

2. 久しぶりにスポーツを＿＿＿＿＿＿＿＿、体が痛くなってしまいました。

3. 薬を＿＿＿＿＿＿＿＿、眠くなってしまいました。

V-文型 5　表を完成させなさい。

辞書形	グループ	受身形	辞書形	グループ	受身形
使う			聞く		
見る			する		
踏む			叱る		
割る			呼ぶ		
騒ぐ			捨てる		
汚す			来る		

VI - 文型 5　例のように受身形を使って書きなさい。

例) 子供の時、よく両親＜　に　＞叱られました。
　　　　　　　　　　　　　　　　（叱る）

1. 子供＜　　　＞ジュースを_____
　　　　　　　　　　　　　　　　（こぼす）

2. ゆうべ雨＜　　　＞_____て、かぜをひいてしまいました。
　　　　　　　　　　　　　（降る）

3. 犬＜　　　＞手を_____たことがあります。
　　　　　　　　　　　　（かむ）

4. 電車の中で、後ろの人＜　　　＞_____たり、
　　　　　　　　　　　　　　　　　　　（押す）

　　足を_____たりしました。
　　　　　　　　（踏む）

第32課

Ⅰ- 文型 1　例のように□の中から言葉を選んで、適当な形にして書きなさい。

食べる　話す　輸出する　使う　建てる　生産する

例) インスタントラーメンは世界中で__食べられ__ています。

1. 英語は世界中で_____ています。

2. この教科書はたくさんの学校で_____ています。

3. (工場見学で)
　　社員：この工場は１９８８年に_____ました。

　　　　ここで、いろいろなインスタントラーメンが

　　　　_____て、世界中に_____ています。

Ⅱ- 文型 2 例のように書きなさい。

例) A：きれいな人だね。
　　B：うん。まるで＿モデルみたいだ＿ね。
　　　　　　　（モデル・みたい）

1. A：見てください。かわいい子犬ですよ。
　　B：そうですね。まるで＿＿＿＿＿＿＿＿＿＿＿＿＿＿＿＿ね。
　　　　　　　（ぬいぐるみ・よう）

2. A：まだ5月なのに、今日は暑いね。
　　B：うん。まるで＿＿＿＿＿＿＿＿＿＿＿＿暑いね。
　　　　　　　（夏・みたい）

3. A：あのロボット、歩くのが上手ですね。
　　B：本当ですね。まるで＿＿＿＿＿＿＿＿＿＿＿＿歩いていますね。
　　　　　　　（人間・よう）

第32課

III - 文型 3 正しいものに○をつけなさい。

1. （電話で）

    チン：ラフルさん、もう宿題、終わった？

    ラフル：ううん。今、{ a. やる / b. やっている / c. やった } ところだよ。
    今日の宿題は難しいよ。

2. A：もうごはん、食べた？

    B：ううん、まだ。
    今から食べに { a. 行く / b. 行っている / c. 行った } ところなの。

    A：じゃあ、いっしょに行こう。

3. （電話で）

    美花：咲ちゃん、いますか。

    咲の母：咲は今、うちを { a. 出る / b. 出ている / c. 出た } ところなんですよ。

    美花：そうですか。

第33課

I − 文型 1 正しいものに○をつけなさい。

1. 甘い物 { a. しか / b. ばかり } 食べていると、虫歯になりますよ。

2. 今、財布の中に５００円 { a. しか / b. ばかり } ないから、銀行に行きます。

3. 前はロック { a. しか / b. ばかり } 聞いていたんですが、最近はクラシック音楽も聞くようになりました。

4. 子供の時、まんが { a. しか / b. ばかり } 読んでいてよく叱られました。

II − 文型 2 表を完成させなさい。

辞書形	グループ	使役形	辞書形	グループ	使役形
買う			洗う		
行く			覚える		
来る			食べる		
待つ			読む		
持って来る			勉強する		

第33課

Ⅲ - 文型 2 　絵を見て例のように使役形を使って書きなさい。

例）お母さんは子供＜　に　＞　野菜を食べさせ　ました。
　　　　　　　　　　　　　　　（野菜を食べる）

1．お父さんは子供＜　　　＞＿＿＿＿＿＿＿＿＿＿ました。
　　　　　　　　　　　　　　　（泳ぐ）

2．お母さんは子供＜　　　＞＿＿＿＿＿＿＿＿＿＿＿＿＿たり、
　　　　　　　　　　　　　　　（お皿を洗う）

＿＿＿＿＿＿＿＿＿たりします。
　（そうじをする）

3．私の国では、子供＜　　　＞＿＿＿＿＿＿＿＿＿＿＿親が多いです。
　　　　　　　　　　　　　　　（英語を習う）

Ⅳ-文型3 例のように書きなさい。

例) A：日本人の友達がほしいんですが…。
B：そうですか。キムさんに __紹介してもらったら__ どうですか。
（紹介してもらう）
たくさん友達がいるみたいですよ。

1. A：履歴書の書き方がわからないんですが…。
   B：そうですか。
   田中先輩に _____ どうですか。
   （聞いてみる）
   去年、就職したそうですよ。

2. A：最近、疲れているようですね。
   B：ええ。アルバイトが忙しくて…。
   A：だいじょうぶですか。
   ちょっと_____ どうですか。
   （アルバイトの時間を短くする）

3. リー：スキーに行きたいんですが、どこかいい所を知っていますか。
   キム：スキーですか。私も日本では行ったことがないんです。
   駅前の旅行会社に_____ どうですか。
   （行ってみる）
   たくさんパンフレットが置いてありますよ。

第34課

I - 文型 1 表を完成させなさい。

辞書形	グループ	使役受身形	辞書形	グループ	使役受身形
行く			来る		
飲む			食べる		
洗う			覚える		
読む			習う		
買う			走る		
書く			洗濯する		

II - 文型 1 質問に答えなさい。

1. 一郎さんは学生の時、サッカー部の先輩に部室のそうじをさせられました。

    1) 誰が部室のそうじをしましたか。

        →＿＿＿＿＿＿＿＿＿＿＿＿＿＿＿です。

    2) 誰が部室のそうじをさせましたか。

        →＿＿＿＿＿＿＿＿＿＿＿＿＿＿＿です。

2. アルンさんは大学院で難しい本を読ませられています。

    1) 誰が難しい本を読んでいますか。

        →＿＿＿＿＿＿＿＿＿＿＿＿＿＿＿です。

    2) 誰が難しい本を読ませられていますか。

        →＿＿＿＿＿＿＿＿＿＿＿＿＿＿＿です。

Ⅲ - 文型 1　絵を見て例のように使役受身形を使って書きなさい。

例) 母< に >野菜を ＿食べさせられました。＿

1. 母<　　　>英語を＿＿＿＿＿＿＿＿＿＿＿＿＿＿＿＿＿＿＿

2. 父<　　　>プールで＿＿＿＿＿＿＿＿＿＿＿＿＿＿＿＿＿＿

3. 監督<　　　>１０キロ＿＿＿＿＿＿＿＿＿＿＿＿＿＿＿＿

4. 先輩<　　　>歌を＿＿＿＿＿＿＿＿＿＿＿＿＿＿＿＿＿＿＿

5. 母<　　　>そうじを＿＿＿＿＿＿＿＿＿＿＿＿＿＿＿＿＿

第34課

IV - 文型 2 例のように「～なら」「～たら」を使って書きなさい。

例1） 大阪まで安く＿＿行くなら＿＿、高速バスがいいです。
　　　　　　　　　（行く）

例2） 夏休みに＿＿なったら＿＿、帰国しようと思っています。
　　　　　　　　（なる）

1. パソコンを＿＿＿＿＿＿＿＿＿、文化デンキが安いです。
　　　　　　　　（買う）

2. A：先生、いつ肉を入れますか。

　　B：たまねぎが＿＿＿＿＿＿＿＿＿＿＿＿、入れてください。
　　　　　　　　　（柔らかくなる）

3. A：今度の土曜日、いっしょにドライブに行かない？

　　B：いいね。海を見に行こう。

　　A：海を＿＿＿＿＿＿＿＿＿＿、江ノ島はどう？
　　　　　　　（見に行く）

　　B：いいね。そうしよう。

4. A：この学校を＿＿＿＿＿＿＿＿＿＿、どうしますか。
　　　　　　　　　（卒業する）

　　B：専門学校で経済の勉強をしようと思っています。

5. A：どうしたんですか。

　　B：熱があるんです。

　　A：＿＿＿＿＿＿＿＿＿＿＿＿、病院へ行ったほうがいいですよ。
　　　　　（熱がある）

73

V - 文型 3 メモを見て例のように書きなさい。

例) 社長：飛行機の切符は？
　　社員：　取ってあります。

社長：ビザは？
社員：＿＿＿＿＿＿＿＿＿＿＿＿＿＿

社長：ホテルは？
社員：＿＿＿＿＿＿＿＿＿＿＿＿＿＿

社長：会議の資料は？
社員：まだです。すぐ作ります。

社長：ホテルの行き方は？
社員：＿＿＿＿＿＿＿＿＿＿＿＿＿＿

조사　第1課～第34課

は
1. 私はワン・シューミンです。（第1課文型1）
2. 映画館では見ません。（第6課文型5）
3. 昼は暑かったですが、夜は涼しかったです。（第8課文型6）

の
1. 音楽大学の学生です。（第1課文型3）
2. 私の教科書です。（第3課文型2）
3. それは私のです。（第3課文型2）
4. その黒いのです。（第4課文型6）

と
1. 休みは土曜日と日曜日です。（第1課文型6）
2. 友達とファッションショーに行きます。（第11課文型5）
3. 弟は野球を見に行くと言っていました。（第18課文型6）

を
1. コーヒーを飲みます。（第2課文型1）
2. 電車を降ります。（第10課文型1）
3. 妹は雑誌をほしがっています。（第22課文型6）
4. 武さんが良子さんを送ります。（第28課参考）
5. お父さんは子供を泳がせました。（第33課文型2）

| に |

1. 7時半に起きます。（第2課文型5）
2. 箱の中に猫がいます。（第5課文型1）
3. チンさんに消しゴムを借ります。（第7課文型6）
4. ラフルさんに消しゴムを貸します。（第7課文型6）
5. 山手線に乗ります。（第10課文型1）
6. 横浜に住んでいます。（第11課文型1）
7. 姉は貿易会社に勤めています。（第11課文型1）
8. 妹はイギリスに留学しています。（第11課文型1）
9. ファッションショーに行きます。（第11課文型4）
10. 大阪に行きます。（第11課文型4※）
11. アナウンサーになりたいです。（第11課文型6）
12. 寝る前に、はりかえてください。（第16課文型7）
13. 1か月に3冊ぐらい本を読みます。（第17課文型5）
14. 私はワンさんにプレゼントをあげます。（第22課文型4）
15. 私は友達にコーヒーカップをもらいました。（第22課文型5）
16. 友達が私に映画の招待券をくれました。（第24課文型4）
17. アルンさんが西村さんにタイ料理の作り方を教えます。（第28課参考）
18. 私は後ろの人に押されました。（第31課文型5）
19. 私は子供に家の手伝いをさせました。（第33課文型2）
20. 新入生は先輩にいろいろなことをさせられます。（第34課文型1）

| で |
1. 学校で勉強します。（第２課文型４）
2. 地下鉄で学校へ来ます。（第１０課文型１）
3. フライパンで牛丼を作ります。（第１２課文型１）
4. 一年の中でいつがいちばん雨が多いですか。（第１５課文型５）
5. ごはんを食べた後で、飲んでください。（第１６課文型７）

| が |
1. 何がありますか。（第５課文型３）
2. コメディーが好きです。（第６課文型３）
3. ピアノが弾けます。（第１７課文型１）
4. 私はうちわがほしいです。（第２２課文型３）

| へ |
1. 学校へ行きます。（第２課文型３）

| も |
1. これは私のです。それも私のです。（第３課文型４）

| や |
1. スーパーやコンビニがあります。（第５課文型２）

| か |
1. ビールかワインを飲みます。（第６課文型２）

| から | まで |
1. 銀行は９時から３時までです。（第１課文型４）
2. 東京からハワイまで何時間ぐらいですか。（第８課文型１-３）

問題 ＿＿＿にひらがなを1つ書きなさい。

1. キム：チンさん＿＿＿靴はどれですか。

    チン：その白い＿＿＿です。

2. バス＿＿＿乗ってください。

3. いつも6時ごろうち＿＿＿帰ります。

4. ピアノ＿＿＿弾けますが、ギター＿＿＿弾けません。

5. ときどき公園へ散歩＿＿＿行きます。

6. 車＿＿＿ディズニーランド＿＿＿行きました。

7. 8時＿＿＿東京駅＿＿＿出ました。

8. チン：この辞書はマリーさんのですか。

    マリー：いいえ。ラフルさん＿＿＿貸してもらったんです。

9. 空港＿＿＿着いたら、電話してください。

10. おはし＿＿＿ごはんを食べるのは難しいです。

11. 待合室＿＿＿＿お待ちください。

12. 将来、私は医者＿＿＿＿なりたいです。

13. 私の父は貿易会社＿＿＿＿勤めています。

14. 車の運転＿＿＿＿できます。

15. 私は誕生日に友達＿＿＿＿花＿＿＿＿もらいました。

16. 友達が妹＿＿＿＿お菓子をくれました。

17. 新宿＿＿＿＿電車＿＿＿＿降りて、地下鉄＿＿＿＿乗り換えます。

18. アルンさんは前から革＿＿＿＿手帳＿＿＿＿ほしがっていました。

19. 大きいかばん＿＿＿＿ほしいです。

20. 私の姉はフランス＿＿＿＿住んでいます。

21. A：よく映画を見に行くんですか。

    B：いいえ。半年＿＿＿＿1回ぐらいです。

22. ケーキ＿＿＿＿作れます。

23. 子供＿＿＿＿ディズニーランドへ連れて行きました。

24. A：どうしたんですか。

    B：電車の中＿＿＿＿隣の人＿＿＿＿足を踏まれたんです。

25. A：お子さん＿＿＿＿何か習わせたいですか。

    B：ええ、英語＿＿＿＿習わせたいです。

26. 山田さんはお子さん＿＿＿＿英語の塾に通わせるそうです。

27. キム：リーさんは料理が上手ですね。

    リー：子供の時、よく母＿＿＿＿手伝わせられたんです。

復習 문형　第１課～第３４課

１．て形（動詞）

1. ～てみます。　（第１９課文型１）

 ・このジーパンをはいてみます。

2. ～てしまいました。　（第１９課文型３）

 ・子供がいなくなってしまいました。

3. ～ています。　（第１９課文型５）

 ・伸ちゃんは赤いＴシャツを着ています。

4. ～てきました。　（第２３課文型１）

 ・電子書籍が増えてきました。

5. ～ても＿＿＿＿。　（第２５課文型１）

 ・ボタンを押してもエアコンがつきません。

6. ～ています。　（第２６課文型１）

 ・壁が汚れています。

7. ～ておきます。　（第２６課文型２）

 ・引っ越しの前に、郵便局に転居届を出しておきます。

8. ～てしまいました。　（第２７文型５）

 ・私は面接の本をもう読んでしまいました。

9. ～て＿＿＿＿。　（第２９課文型２）

 ・ワンさんが入院したと聞いて心配しました。

81

10. ～ていただけませんか。 (第30課文型4)

・すみませんが、ナプキンを取っていただけませんか。

11. ～てあります。 (第34課文型3)

・飲み物は冷やしてあります。

問題 て形を使う文型1.～11.を使って書きなさい。

1．(レストランで)

客：すみません、テーブルが_____ので、

ふいてください。　　　(ぬれる)

ウエートレス：はい。どうもすみません。

2．A：どうしたんですか。

B：ボタンを_____おつりが出ないんです。
　　　　　　　(押す)

3．A：そのDVD、おもしろそうだね。

B：うん。私はもう_____から、貸そうか？
　　　　　　　　　　　　(見る)

A：本当？　ありがとう。

4．リー：ワンさん、今日はめがねを_____ね。
　　　　　　　　　　　　　　　　　　(かける)

ワン：ええ。コンタクトレンズを_____んです。
　　　　　　　　　　　　　　　　　(する)

5. (荷造りの時)

   食器などは割れないように、新聞紙で＿＿＿＿＿＿＿＿＿＿ほうがいいです。
   　　　　　　　　　　　　　　　　　　　　　(包む)

6. 今朝、新宿駅で偶然国の友達に＿＿＿＿＿＿＿＿＿＿びっくりしました。
   　　　　　　　　　　　　　　　　　(会う)

7. おいしいかどうかわかりませんが、＿＿＿＿＿＿＿＿＿＿ください。
   　　　　　　　　　　　　　　　　　　　(食べる)

8. A：パーティーの準備はできた？

   B：うん。

   A：おすしは？

   B：＿＿＿＿＿＿＿＿＿＿よ。もうすぐ来ると思うよ。
   　　　(注文する)

9. 学生：先生、この漢字の書き方を＿＿＿＿＿＿＿＿＿＿か。
   　　　　　　　　　　　　　　　　　　(教える)

10. 昨日、携帯電話を＿＿＿＿＿＿＿＿＿＿
    　　　　　　　　(落とす)

11. 前は料理を習う男性は少なかったですが、

    最近は＿＿＿＿＿＿＿＿＿＿
    　　　　　(増える)

2．基本体過去・肯定形（動詞）

1. ～たら、＿＿＿。 （第２１課文型１）

   ・ホストファミリーに会ったら、笑顔であいさつしましょう。

2. ～たまま＿＿＿。 （第２６課文型４）

   ・昨日、コンタクトレンズをしたまま寝てしまいました。

3. ～たら、＿＿＿。 （第３１課文型４）

   ・デパートへ行ったら、休みでした。

4. ～たらどうですか。 （第３３課文型３）

   ・西村：長井さんの電話番号、知っていますか。

   　木村：いいえ…。林さんに聞いてみたらどうですか。
   　　　　知っているかもしれませんよ。

問題　基本体過去・肯定形を使う文型１．～４．を使って書きなさい。

1. 今朝、エアコンを＿＿＿＿＿＿＿＿＿＿＿＿学校へ来てしまいました。
   　　　　　　　　（つける）

2. 久しぶりに＿＿＿＿＿＿＿＿＿＿＿＿＿＿、指を切ってしまいました。
   　　　　　（料理をする）

3. マリー：ゆかたの着方を知りたいんですが…。

   　チン：幸子さんに＿＿＿＿＿＿＿＿＿＿＿＿＿＿＿＿＿＿＿＿
   　　　　　　　　　（教えてもらう）

4．日本語学校を＿＿＿＿＿＿＿＿＿＿＿＿＿＿＿、美術大学で油絵の勉強をする
　　　　　　　　　　　　　　　　（卒業する）
　つもりです。

3．基本体

1. | どんな〜か＿＿＿＿。 |
   | 〜かどうか＿＿＿＿。 |　（第２０課文型８）

   ・去年の東都大学の入試にどんな問題が出たか、先輩に聞きます。

   ・ワン：来週、テストがありますか。

   　キム：さあ、あるかどうかわかりません。

   ・Ａ：東京スカイツリーは駅から近いでしょうか。

   　Ｂ：さあ、近いかどうかわかりません。

   ※Ａ：タヒチへ行こうと思っているんですが、ビザが必要でしょうか。

   　Ｂ：さあ、必要かどうかわかりません。

   ※Ａ：アルンさんは学生でしょうか。

   　Ｂ：さあ、学生かどうかわかりません。

2. | 基本体＋名詞 |　（第２１課文型５）

   ・これは、お父さんが作ったトマトです。

3. | 〜んじゃなくて、〜んです。 |　（第２２課文型７）

   ・これは買ったんじゃなくて、もらったんです。

   ※嫌いなんじゃなくて、苦手なんです。

   ※これはジュースじゃなくて、お酒です。

4. ～し、～し、＿＿＿＿＿。（第２３課文型４）

・紙の本は、デザインがきれいだし、大きさもいろいろあるし、見るのが楽しいです。

・あさひ寿司は、魚が新鮮だし、値段も高くないし、おすすめです。

5. ～ようです。
　～みたいです。　（第３１課文型１）

・先生：リーさんはもう帰りましたか。
　学生：コートがあるから、まだ帰っていないみたいです。

・安部さんは、最近、忙しいようです。

※アルンさんは本を読むのが { 好きなようです。
　　　　　　　　　　　　　　　好きみたいです。

※あそこで泣いている子供は { 迷子のようです。
　　　　　　　　　　　　　　　迷子みたいです。

6. ～のに、＿＿＿＿＿。（第３１課文型３）

・新しい旅行かばんを買ったのに、かぜをひいて旅行に行けませんでした。

※このテーブル、まだきれいなのに、捨てるんですか。

※A：よくテニスをしますか。
　B：いいえ。初めてです。
　A：本当ですか。初めてなのに上手ですね。

問題 （　）の言葉を適当な形にして＿＿＿＿＿に書きなさい。

1. A：すてきなシャツですね。どこで買ったんですか。

　　B：これは＿＿＿＿＿＿＿＿＿＿んじゃなくて、自分で＿＿＿＿＿＿＿＿＿＿んです。
　　　　　　　　（買う）　　　　　　　　　　　　　　　　　　（作る）

2. キム：ラフルさんはカラオケが好きでしょうか。

   リー：さあ、＿＿＿＿＿＿＿＿＿＿かどうかわかりません。
              （好き）

3. A：何かあったんでしょうか。

   B：事故が＿＿＿＿＿＿＿＿みたいですよ。警察官がいますから。
        （ある）

4. ワンさんはいつも＿＿＿＿＿＿＿＿のに、今日は元気がありません。
                （元気）

5. 先週キムさんに＿＿＿＿＿＿＿＿＿＿韓国料理を、今日作ってみました。
              （教えてもらう）

6. リー：吉田さんは会社員ですか。

   マリー：いいえ、＿＿＿＿＿＿＿＿じゃなくて、学生です。
                （会社員）

7. ワン：アルンさんはどこでアルバイトをしていますか。

   ラフル：さあ、どこで＿＿＿＿＿＿＿＿かわかりません。
                      （する）

8. A：昨日のパーティーはどうでしたか。

   B：人がたくさんいて＿＿＿＿＿＿＿＿＿＿し、
                    （にぎやか）

      食べ物も＿＿＿＿＿＿＿＿＿し、よかったですよ。
             （おいしい）

4．ない形

1. ～なくてはいけません。 （第２０課文型７）

　・実技試験を受けなくてはいけません。

2. ～ないで＿＿＿。 （第２１課文型２）

　・靴を脱がないでうちに上がってはいけません。

3. ～なくてもいいです。 （第２１課文型４）

　・嫌いな物は無理に食べなくてもいいです。

4. ～なくなりました。 （第２３課文型３）

　・最近、本を読まなくなりました。

5. ～なくて＿＿＿。 （第２９課文型２）

　・最近、夜寝られなくて困っています。

問題　ない形を使う文型１．～５．を使って書きなさい。

1. A：この机、片付けましょうか。

　　B：明日も使うので、＿＿＿＿＿＿＿＿＿＿＿＿＿＿＿＿＿＿＿＿よ。
　　　　　　　　　　　　　　　　　　　　　　　　　（片付ける）

2. パーティーで先輩に＿＿＿＿＿＿＿＿＿＿＿＿＿＿＿＿残念でした。
　　　　　　　　　　　　　　　　　　（会う）

3. 昨日はとても疲れていたので、シャワーを＿＿＿＿＿＿＿＿＿＿＿
　寝てしまいました。　　　　　　　　　　　　　　　　　（浴びる）

4．病院へ行く時は、保険証を＿＿＿＿＿＿＿＿＿＿＿＿＿＿＿＿＿＿＿＿＿＿
　　　　　　　　　　　　　　　　　　　　　　　　　（持って行く）

5．国ではよくテレビを見ましたが、

　　日本に来てからはあまり＿＿＿＿＿＿＿＿＿＿＿＿＿＿＿＿
　　　　　　　　　　　　　　　　　　　　（見る）

5．第21課参考

1． ～てはいけません。 （第9課文型3）

・ここでたばこを吸ってはいけません。

2． ～てもいいです。 （第9課文型4）

・ここでたばこを吸ってもいいです。

3． ～なくてはいけません。 （第20課文型7）

・高校生はお金を払わなくてはいけません。

4． ～なくてもいいです。 （第21課文型4）

・小学生はお金を払わなくてもいいです。

問題　正しいものに○をつけなさい。

1．学生：問題集は今日、買わなくてはいけませんか。

　　先生：いいえ、今日、 ｛ a．買わなくてもいいですよ。
　　　　　　　　　　　　 b．買わなくてはいけませんよ。
　　　　　　　　　　　　 c．買ってもいいですよ。

　　　　　来週までに買ってください。

2．(教室で)
　　学生：作文のテストの時、辞書を使ってもいいですか。
　　先生：いいえ、
　　　　　a．使ってはいけません。
　　　　　b．使わなくてはいけません。
　　　　　c．使わなくてもいいです。

3．入学願書は締切りまでに
　　a．持って行ってはいけません。
　　b．持って行かなくてもいいです。
　　c．持って行かなくてはいけません。

4．A：すみません、この辞書、ちょっと
　　a．貸してもいいですか。
　　b．借りてもいいですか。
　　c．借りなくてもいいですか。

　　B：ええ、どうぞ。

5．(病院で)
　　医者：この薬は毎日
　　　　　a．飲んでもいいです。
　　　　　b．飲まなくてもいいです。
　　　　　c．飲まなくてはいけません。
　　　　頭が痛い時だけ飲んでください。
　　患者：はい。わかりました。

6．可能形

1．ピアノが弾けます。　(第17課文型1)

問題　可能形を使って書きなさい。

1. (教室で)

    ワン：ラフルさん、何の勉強をしているんですか。

    ラフル：漢字の勉強です。明日、テストがあるんですが、難しい漢字が

    たくさんあって＿＿＿＿＿＿＿＿＿＿＿＿＿＿んです。
    　　　　　　　　　　　(覚える)

2. 前はスキーはぜんぜん＿＿＿＿＿＿＿＿＿＿＿＿が、
    　　　　　　　　　　　(する)

    スキー教室で練習したら、＿＿＿＿＿＿＿＿＿＿ようになりました。
    　　　　　　　　　　　　　　(する)

3. (レストランの前で)

    A：わあ、込んでいますね。

    B：ええ。＿＿＿＿＿＿＿＿そうにありませんね。ほかの店に行きましょう。
    　　　　　(入る)

4. 前はフランス語が＿＿＿＿＿＿＿＿＿が、最近は使わないので、
    　　　　　　　　　(話す)

    ＿＿＿＿＿＿＿＿なってしまいました。
    　(話す)

5. チン：昨日のパーティーはどうでしたか。

    キム：楽しかったですよ。

    チン：そうですか。＿＿＿＿＿＿＿＿て残念でした。
    　　　　　　　　　　　(行く)

7．意志形

1．経営学の勉強をしようと思っています。（第２０課文型１）

問題 意志形を使って書きなさい。

1．ワン：今度、日本料理を＿＿＿＿＿＿＿＿＿＿と思っています。
　　　　　　　　　　　　　　　（習う）

2．A：専門学校に行ったら、学校の寮に住みますか。

　　B：いいえ。アパートを＿＿＿＿＿＿＿＿＿＿と思っています。
　　　　　　　　　　　　　　　（借りる）

3．A：今度の週末は何をしますか。

　　B：うちでケーキを＿＿＿＿＿＿＿＿＿＿と思っています。
　　　　　　　　　　　　　　（作る）

4．先生：もう募集要項をもらいましたか。
　　学生：いいえ、まだです。今度、オープンキャンパスに行った時、

　　　　＿＿＿＿＿＿＿＿＿＿と思っています。
　　　　　（もらって来る）

5．キム：この学校を卒業してから、どうしますか。
　　リー：日本で＿＿＿＿＿＿＿＿＿＿と思っています。
　　　　　　　　　（就職する）

8. 自動詞と他動詞

1. ドアが開く。（第25課）

2. ドアを開ける。（第25課）

問題 正しいものに○をつけなさい。

1. 幸子：一郎さん、ちょっと窓を { a. 閉めて / b. 閉まって } くれない？

   一郎：いいよ。

2. A：宿題はもう { a. 出しましたか。/ b. 出ましたか。}

   B：いいえ、まだです。

3. A：どうしたんですか。

   B：ドアが { a. 開けないんです。/ b. 開かないんです。}

   A：そのボタンを押すと、{ a. 開けますよ。/ b. 開きますよ。}

   B：あ、本当だ。{ a. 開けました。/ b. 開きました。}

4. 母：伸は起きた？

   伸の兄：ううん。{ a. 起きても / b. 起こしても } { a. 起きないんだ。/ b. 起こさないんだ。}

9．～そう

1．天気予報によると、明日は晴れだそうです。（第18課文型4）

2．あのワンピースは涼しそうです。（第22課文型1）

3．雨が降りそうです。（第22課文型2）

4．あまり込んでいないので、座れそうです。（第27課文型4）

問題　「～そう」を使って書きなさい。

1．A：昨日、学校のそばで交通事故が＿＿＿＿＿＿＿＿＿＿＿＿よ。
　　　　　　　　　　　　　　　　　　　　　　（ある）
　　B：そうなんですか。

2．A：今度、北海道に行くんですが、いい所を知っていますか。
　　B：テレビで見たんですが、
　　　函館は景色がとても＿＿＿＿＿＿＿＿＿＿＿＿よ。
　　　　　　　　　　　　　　　　（きれい）

3．A：＿＿＿＿＿＿＿＿＿＿＿＿ネックレスですね。
　　　　　　（高い）
　　B：本当ですね。いくらぐらいでしょうか。

4．リー：マリーさん、ボタンが＿＿＿＿＿＿＿＿＿＿＿＿よ。
　　　　　　　　　　　　　　　　　　　（取れる）
　　マリー：あ、本当ですね。ありがとうございます。

5．ねぼうしてしまったので、集合時間に＿＿＿＿＿＿＿＿＿＿＿＿
　　　　　　　　　　　　　　　　　　　　　　（間に合う）

6. （電話で）

先生：チンさん、まだ熱がありますか。

チン：いいえ。明日は学校に＿＿＿＿＿＿＿＿＿＿＿＿＿＿＿＿＿
　　　　　　　　　　　　　　　　　　　　　　　　　（行ける）

先生：そうですか。よかったです。

10.「～ば」の形

1. 進学説明会に行けば、いろいろな学校の先生と話せます。（第２０課文型４）
2. 間に合わなければ来月にしましょう。（第２７課文型２）

問題　「～ば」の形を使って書きなさい。

1. A：時間がありませんね。間に合うでしょうか。

   B：タクシーに＿＿＿＿＿＿＿＿間に合うと思いますよ。
   　　　　　　　（乗る）

2. A：だいじょうぶですか。顔色が悪いですよ。

   B：少し＿＿＿＿＿＿＿よくなると思います。ありがとうございます。
   　　　（休む）

3. マリー：自分でゆかたを着たいんですが、難しいでしょうか。

   幸子：だいじょうぶですよ。少し＿＿＿＿＿＿＿＿＿＿＿着られますよ。
   　　　　　　　　　　　　　　　　　　（練習する）

4. 週末、天気が＿＿＿＿＿＿＿＿＿＿ハイキングに行きます。
   （いい）

5. （会議室で）
   田中：木村さん、遅いですね。
   広田：そうですね。もう少し待っても＿＿＿＿＿＿＿＿＿＿先に始めましょう。
   （来ない）

6. 夏休みに北海道へ旅行に行きたいと思っていますが、飛行機のチケットが

   ＿＿＿＿＿＿＿＿＿＿行きません。
   （高い）

7. A：今日から駅前のデパートでバーゲンが始まりますね。行きますか。

   B：ええ、仕事が早く＿＿＿＿＿＿＿＿＿＿行こうと思っています。
   （終わる）

11. あげる・もらう・くれる

1. 私はワンさんにプレゼントをあげます。　（第２２課文型４）
2. 私は友達にコーヒーカップをもらいました。　（第２２課文型５）
3. 友達が私に映画の招待券をくれました。　（第２４課文型４）
4. マリーさんが私に英語を教えてくれました。　（第２８課文型１）
5. 私は武さんに引っ越しを手伝ってもらいました。　（第２８課文型３）
6. 私は武さんにおいしい物をごちそうしてあげます。　（第２８課文型４）

問題 ＿＿にひらがなを１つ書き、a～cの中から正しいものを選んで○をつけなさい。

1. 大学に合格したので、祖母が私＿＿プレゼントを { a. くれました。 / b. あげました。 / c. もらいました。 }

2. 新しいテレビを買ったので、古いテレビは後輩＿＿ { a. くれました。 / b. あげました。 / c. もらいました。 }

3. 私は武さんの誕生日に { a. ごちそうしてくれる / b. ごちそうしてもらう / c. ごちそうしてあげる } つもりです。

4. A：そうじは終わりましたか。
   B：はい。田中さんが { a. 手伝ってくれたんです。 / b. 手伝ってもらったんです。 / c. 手伝ってあげたんです。 }

5. この前は、お見舞いに { a. 来てあげて / b. 来てくれて / c. 来て } ありがとう。

6. 辞書を忘れたので、友達に { a. 貸してもらい / b. 借りてもらい / c. 貸してくれ } ました。

97

12. 敬語

1. 西田先生が私に花をくださいました。（第２９課文型３）
2. 私は西田先生に花をいただきました。（第２９課文型３）
3. 先生の奥さんが洗濯をしてくださいました。（第２９課文型４）
4. 先生の奥さんに洗濯をしていただきました。（第２９課文型４）
5. タイへいらっしゃるんですか。（第３０課文型１）
6. お待ちください。（第３０課文型２）
7. お借りします。（第３０課文型３）

問題1　正しいものに○をつけなさい。

1. 私が入院した時、萩原先生が本を持って来て
   a. いただきました。
   b. くださいました。

2. （日記）

   今日、大家さんにみかんを
   a. くださった。
   b. いただいた。

   たくさんあるので、明日、友達にあげようと思う。

3. 履歴書の書き方がわからなかったので、萩原先生に

   教えて
   a. いただきました。
   b. くださいました。

問題2　敬語を使って書きなさい。

1. A：＿＿＿＿＿＿＿＿＿＿＿＿＿＿＿＿＿＿か。
　　　　　　　　（読む）
　 B：はい。

2. A：渡辺先生は＿＿＿＿＿＿＿＿＿＿＿＿＿＿＿か。
　　　　　　　　　　　（いる）
　 B：いいえ。今日は休みですよ。

3. A：すみれファッションスクールという学校を＿＿＿＿＿＿＿＿＿か。
　　　　　　　　　　　　　　　　　　　　　　　（知っている）
　 B：はい。

4. A：あれ、雨が降っていますよ。傘を＿＿＿＿＿＿＿ましょうか。
　　　　　　　　　　　　　　　　　　（貸す）
　 B：すみません。じゃ、＿＿＿＿＿＿＿＿＿＿。
　　　　　　　　　　　　　（借りる）

5. A：ちょっと＿＿＿＿＿＿＿＿＿＿たいんですが…。
　　　　　　　　（聞く）
　 B：はい。
　 A：オープンキャンパスの受付はどちらですか。

6. 私は佐々木と＿＿＿＿＿＿＿＿＿＿
　　　　　　　　（言う）

7. どうぞ＿＿＿＿＿＿＿＿＿＿ください。
　　　　　（上がる）

8. どうぞ＿＿＿＿＿＿＿＿＿＿ください。
　　　　　（食べる）

13. 〜ようです

1. 最近、忙しいようです／みたいです。（第３１課文型１）
2. 歌手のようです／みたいです。（第３２課文型２）
3. 紙のように／みたいに薄いです。（第３２課文型２）

問題 （　）の言葉を適当な形にして書きなさい。

1. A：チンさんはよくカラオケに行きますね。

   B：ええ。歌が＿＿＿＿＿＿＿＿ようですね。
   　　　　　　　　（好き）

2. A：あの女の子、＿＿＿＿＿＿＿＿ようですよ。
   　　　　　　　　　（迷子）
   B：そうですね。

   あ、あの人、お母さんじゃありませんか。

3. A：ワンさんはもう帰りましたか。

   B：いいえ。かばんがあるから、

   　まだ＿＿＿＿＿＿＿＿＿＿みたいです。
   　　　　　　（帰る）

4. この家、まるで＿＿＿＿＿＿＿＿ように大きいですね。
   　　　　　　　　　（お城）

5. あの犬、かわいいね。まるで＿＿＿＿＿＿＿＿＿＿みたい！
   　　　　　　　　　　　　　　（ぬいぐるみ）

14. 受身形

1. 後ろの人に押されました。　（第３１課文型５）
2. インスタントラーメンは１９５８年に日本で初めて作られました。

（第３２課文型１）

問題　受身形を使って書きなさい。

1. 窓ガラスを割って、先生に＿＿＿＿＿＿＿ました。
   （叱る）

2. 昨日の夜、友達に＿＿＿＿＿＿＿、勉強できませんでした。
   （来る）

3. 先月、国際女子マラソン大会が＿＿＿＿＿＿＿ました。
   （行う）

4. この工場ではチョコレートが＿＿＿＿＿＿＿います。
   （生産する）

15. 使役形

1. 子供に家の手伝いをさせました。　（第３３課文型２）

問題 使役形を使って書きなさい。

1. お母さんは子供に毎日牛乳を_____ました。
   　　　　　　　　　　　　　　　　　（飲む）

2. 私は子供にたくさん野菜を_____ようにしています。
   　　　　　　　　　　　　　　　　　（食べる）

3. 記者：監督は選手にどんな練習を_____ているんですか。
   　　　　　　　　　　　　　　　　　（する）

   監督：毎日１０キロ_____ています。
   　　　　　　　　　　　（走る）

4. 宏君のお父さんは宏君を水泳教室に_____ているそうです。
   　　　　　　　　　　　　　　　　　　　　　　（通う）

16. 使役受身形

1. 新入生は先輩にいろいろなことをさせられます。（第３４課文型１）

問題 使役受身形を使って書きなさい。

1. 子供のころ、嫌いなにんじんを母に_____ました。
   　　　　　　　　　　　　　　　　　　（食べる）

2. 母に勉強ばかり＿＿＿＿＿＿＿＿＿＿てぜんぜん遊べません。
   （する）

3. 広美さんは子供のころ、お母さんにお皿を＿＿＿＿＿＿＿＿＿＿そうです。
   （洗う）

17. 受身形・使役形・使役受身形

問題 正しいものに○をつけなさい。

1. 社長は新入社員を７時半に会社へ
   - a. 来られました。
   - b. 来させました。
   - c. 来させられました。

2. 子供の時、両親にピアノを
   - a. 習われました。
   - b. 習わせられました。
   - c. 習わせました。

3. ゆうべ、子供に
   - a. 泣かせて
   - b. 泣かせられて
   - c. 泣かれて

   寝られませんでした。

4. この学校は１０年前に
   - a. 建てられました。
   - b. 建てさせました。
   - c. 建てさせられました。

文化 日本語 WORKBOOK 2

정답

第19課　5ページ

I
1. ジーパン／ジーンズ　はいてみてもいいですか。
2. ギター　弾いてみてもいいですか。
3. 自転車　乗ってみてもいいですか。

II
1. 大きくして　　2. 静かになり　　3. 弱くし
4. きれいにして　5. 寒くなっ

III
1. 落としてしまった／なくしてしまった　2. 汚してしまい　3. 割ってしまい

IV
1. a　2. b　3. a　4. b

V
1. はい　かけ　　2. 着　（例）ネックレスをし
3. （例）ブラウスを着　（例）スカートをはいている
4. 着物を着ている　5. （例）ワンピースを着　（例）帽子をかぶっている

VI
1. デパート　レストラン　2. 本屋　病院　3. スーパー　郵便局

第20課　11ページ

I

辞書形	グループ	意志形	辞書形	グループ	意志形
行く	1	行こう	踊る	1	踊ろう
読む	1	読もう	就職する	3	就職しよう
起きる	2	起きよう	買う	1	買おう
書く	1	書こう	受ける	2	受けよう
来る	3	来よう	話す	1	話そう
帰る	1	帰ろう	借りる	2	借りよう

II
1. （例）国へ帰ろうと思っています。
2. （例）専門学校でファッションの勉強をしようと思っています。
3. （例）はい、原宿へ買い物に行くつもりです。
4. （例）いいえ、しないつもりです。

III
1. 日本の大学に入る　2. 健康の
3. サッカーの試合の　4. プレゼントを買う

Ⅳ

辞書形	グループ	「~ば」の形	辞書形	グループ	「~ば」の形
買う	1	買えば	走る	1	走れば
見る	2	見れば	見せる	2	見せれば
来る	3	来れば	行く	1	行けば
出す	1	出せば	飲む	1	飲めば
食べる	2	食べれば	練習する	3	練習すれば

Ⅴ　1．見せれ　　2．走れ　　3．聞け　　4．見れ

Ⅵ　1．知っています。　　2．知りません。　　3．知っている

Ⅶ　1．銀河亭　レストラン　　2．「ローマの休日」　映画　　3．「さくら」　新しい歌

Ⅷ　1．書かなくてはいけません　書いてはいけません。
　　2．返さなくてはいけません。　　3．帰らなくてはいけない

Ⅸ　1．飲むかどうか　　2．いつからか　　3．どこで落としたか
　　4．食べられるかどうか　　5．新しいかどうか

第21課　17ページ

Ⅰ　1．冬休みになったら、スキーに行こう
　　2．テストが終わったら、友達とカラオケに行く
　　3．お皿を洗ったら、そうじをして

Ⅱ　1．入れないで　　2．食べないで　　3．脱がないで

Ⅲ　1．寝たほうがいいです　　2．買ったほうがいいです／予約したほうがいいです
　　3．休まないほうがいいです／（学校へ）来たほうがいいです

Ⅳ　1．a　　2．a　　3．a　　4．b

Ⅴ　1．これは友達とディズニーランドで撮った写真です。
　　　／これはディズニーランドで友達と撮った写真です。
　　2．ここは私が英語を勉強している学校です。
　　3．私が帽子を買った店は渋谷にあります。
　　4．先週友達と行ったレストランに母と行くつもりです。

Ⅵ 1. その色しかない　2. 大人の靴しかない　3. 英語の歌しか歌えない

第22課　22ページ

Ⅰ 1. おもしろそうです　2. 新鮮じゃなさそうです　3. おいしそうな
4. 簡単そうだ　5. 落ちそうです　6. 降りそうです

Ⅱ 1. b　2. b　3. a

Ⅲ 1. に もらいました。　2. を あげよう　3. もらって　4. に もらった

Ⅳ 1. b　2. a　3. b　4. a

Ⅴ 1. 土曜日じゃなくて、日曜日です。　2. 買ったんじゃなくて、自分で作ったんです。
3. もらったんじゃなくて、これから友達にあげるんです。

第23課　27ページ

Ⅰ 1. 減ってきました　2. 楽しくなってきました。
3. 難しくなってきました。　4. 増えてきました

Ⅱ 1. ごみの量が減ってきました。　2. 世界の人口が増えてきました。

Ⅲ 1. 食べられるように　2. 会えなく　3. 見なく
4. 乗るように　5. きれいに

Ⅳ 1. (例) 明るい　広い　(例) 暗い　狭い
2. (例) 天気がよかった　景色もきれいだった

第24課　31ページ

Ⅰ 1. 見なかった。　2. 新しい。　3. 暇じゃない。／忙しい。
4. 簡単だった。／難しくなかった。　5. 手伝おうか。／持とうか。

Ⅱ 1. 僕。　2. 熱があるんだ。　3. うん、いい(わ)よ。　4. おいしいね。
5. スーパー。パン(を)買いに行くんだ。

Ⅲ 1. 明日、テストがあるから、勉強しなくちゃ。／勉強しなきゃ。

2. 食堂で昼ごはん(を)食べてる。　3. ううん、帰らないって（言ってた）。
4. ごめん。借りた雑誌(を)汚しちゃった。

Ⅳ　1. a c　2. c b　3. a　4. c　5. b　6. b

Ⅴ　1. もらった　あげよう　2. くれた

第25課　37ページ

Ⅰ　1. 入って a　2. 回って a　3. つけ b　4. 動かない a
　　5. 閉め b　閉まらない a　6. 起きて a　起こし b

Ⅱ　1. c　2. a　3. b

第26課　39ページ

Ⅰ　1. (床が)ぬれている／汚れている　2. 木が倒れている
　　3. ハンカチが落ちています　4. ボタンが取れています

Ⅱ　1. 書いておき　2. 予約しておいた
　　3. (準備)しておいた　4. 買っておいて

Ⅲ　1. b　2. b　3. b　4. a

Ⅳ　1. 窓を開けたまま学校へ来てしまいました。
　　2. コンタクトレンズをしたまま寝てしまったんです。
　　3. 日本では靴をはいたままうちに上がってはいけません。

第27課　43ページ

Ⅰ　1. 何　何でも　2. 何も　3. どちら
　　4. どちらも　5. いつでも　6. いつ

Ⅱ　1. よけれ　よくなけれ　2. 近けれ　近くなけれ　3. あれ　なけれ

Ⅲ　1. 使う　2. 見に行く　3. 食べる

Ⅳ　1. 読めそうです。　2. 間に合いそうです
　　3. 行けそうにありません。／行けそうもありません。

109

4．終わりそうにない／終わりそうもない

Ⅴ　1．c　2．a　3．c　4．c

第28課　48ページ

Ⅰ　1．送ってあげました。送ってくれました。　2．持ってあげました　買ってくれました。
　　3．貸してもらった　4．撮ってくれた　5．教えてもらう

Ⅱ　1．a　2．a　3．b　4．a　5．b

Ⅲ　1．それ　2．あの　3．そこ　あそこ

第29課　52ページ

Ⅰ　1．食べたところ　2．終わったところ

Ⅱ　1．見つかって　2．いなくて　3．上手にならなくて　4．話ができて

Ⅲ　1．a　2．b　3．a　4．b　5．a　6．a

Ⅳ　1．(例)野菜をたくさん食べるようにしています。
　　2．(例)日本人の友達と日本語で話すようにしています。

第30課　56ページ

Ⅰ　1．お上がり　2．おかけ／お座り　3．召し上がって　4．ご覧　5．お待ち

Ⅱ　1．b　2．c　3．b a　4．b a　5．a c c

Ⅲ　1．お取りしましょうか。　2．窓を閉めていただけませんか。
　　3．お手伝いしましょうか。　4．ペンを貸していただけませんか。

Ⅳ　b a b b

第31課　60ページ

Ⅰ　1．いる　2．降った　3．帰っていない

Ⅱ　1．帰らないことにしました。　2．することにした　行くことにします。

Ⅲ　1. a　2. c　3. a　4. b

Ⅳ　1. 行ったら　2. したら　3. 飲んだら

Ⅴ

辞書形	グループ	受身形	辞書形	グループ	受身形
使う	1	使われる	聞く	1	聞かれる
見る	2	見られる	する	3	される
踏む	1	踏まれる	叱る	1	叱られる
割る	1	割られる	呼ぶ	1	呼ばれる
騒ぐ	1	騒がれる	捨てる	2	捨てられる
汚す	1	汚される	来る	3	来られる

Ⅵ　1. に こぼされました。　2. に 降られ
　　3. に かまれ　　4. に 押され 踏まれ

第32課　65ページ

Ⅰ　1. 話され／使われ　2. 使われ　3. 建てられ　生産され　輸出され

Ⅱ　1. ぬいぐるみのようです　2. 夏みたいに　3. 人間のように

Ⅲ　1. b　2. a　3. c

第33課　68ページ

Ⅰ　1. b　2. a　3. b　4. b

Ⅱ

辞書形	グループ	使役形	辞書形	グループ	使役形
買う	1	買わせる	洗う	1	洗わせる
行く	1	行かせる	覚える	2	覚えさせる
来る	3	来させる	食べる	2	食べさせる
待つ	1	待たせる	読む	1	読ませる
持って来る	3	持って来させる	勉強する	3	勉強させる

Ⅲ　1. を 泳がせ　2. に お皿を洗わせ そうじをさせ　3. に 英語を習わせる

Ⅳ 1. 聞いてみたら　　2. アルバイトの時間を短くしたら　　3. 行ってみたら

第34課　71ページ

Ⅰ

辞書形	グループ	使役受身形	辞書形	グループ	使役受身形
行く	1	行かせられる	来る	3	来させられる
飲む	1	飲ませられる	食べる	2	食べさせられる
洗う	1	洗わせられる	覚える	2	覚えさせられる
読む	1	読ませられる	習う	1	習わせられる
買う	1	買わせられる	走る	1	走らせられる
書く	1	書かせられる	洗濯する	3	洗濯させられる

Ⅱ 1. 1) 一郎さん　　2)（サッカー部の）先輩
　 2. 1) アルンさん　　2) アルンさん

Ⅲ 1. に　習わせられました。　2. に　泳がせられました。
　 3. に　走らせられました。　4. に　歌わせられました。
　 5. に　させられました。

Ⅳ 1. 買うなら　　2. 柔らかくなったら　　3. 見に行くなら
　 4. 卒業したら　　5. 熱があるなら

Ⅴ 取ってあります。予約してあります。調べてあります。

復習　助詞　第1課〜第34課　78ページ

問題
1. の　の　　　　2. に　　　　　3. へ／に　　4. は　は
5. に　　　　　　6. で　へ／に　7. に　を　　8. に
9. に　　　　　　10. で　　　　　11. で　　　　12. に
13. に　　　　　　14. が　　　　　15. に　を　　16. に
17. で　を　に　　18. の　を　　　19. が　　　　20. に
21. に　　　　　　22. が　　　　　23. を　　　　24. で　に
25. に　を　　　　26. を　　　　　27. に

復習 문형 第1課～第34課

1. て形（動詞） 82ページ

問題
1. ぬれている　　2. 押しても　　3. 見てしまった／見ちゃった
4. かけていません　している　　5. 包んでおいた　　6. 会って
7. 食べてみて　　8. 注文してある　　9. 教えていただけません
10. 落としてしまいました。／落としてしまった。　　11. 増えてきました。

2. 基本体過去・肯定形（動詞） 84ページ

問題
1. つけたまま　　　　　　2. 料理をしたら
3. 教えてもらったらどうですか。　4. 卒業したら

3. 基本体 86ページ

問題
1. 買った　作った　　2. 好き　　3. あった　　4. 元気な
5. 教えてもらった　　6. 会社員　　7. している
8. にぎやかだった　おいしかった

4. ない形 88ページ

問題
1. 片付けなくてもいいです　　2. 会えなくて　　3. 浴びないで
4. 持って行かなくてはいけません。　　5. 見なくなりました。

5. 第21課参考 89ページ

問題　1. a　2. a　3. c　4. b　5. b

6. 可能形 91ページ

問題
1. 覚えられない　　2. できませんでした　できる　　3. 入れ
4. 話せました　話せなく　　5. 行けなく

7. 意志形 92ページ

問題　1. 習おう　2. 借りよう　3. 作ろう　4. もらって来よう　5. 就職しよう

8. 自動詞と他動詞 93ページ

問題　1. a　2. a　3. b　b　b　4. b　a

9. ～そう 94ページ

問題
1. あったそうです　2. きれいだそうです　3. 高そうな　4. 取れそうです
5. 間に合いそうにありません。　6. 行けそうです。

10. 「〜ば」の形　95ページ

問題　1. 乗れば　2. 休めば　3. 練習すれば　4. よければ
　　　　5. 来なければ　6. 高ければ　7. 終われば

11. あげる・もらう・くれる　97ページ

問題　1. に a　2. に b　3. c　4. a　5. b　6. a

12. 敬語　98ページ

問題1　1. b　2. b　3. a

問題2　1. お読みになります　2. いらっしゃいます　3. ご存じです
　　　　4. お貸しし　お借りします。　5. 伺い／お聞きし　6. 申します。
　　　　7. お上がり　8. 召し上がって

13. 〜ようです　100ページ

問題　1. 好きな　2. 迷子の　3. 帰っていない　4. お城の　5. ぬいぐるみ

14. 受身形　101ページ

問題　1. 叱られ　2. 来られて　3. 行われ　4. 生産されて

15. 使役形　102ページ

問題　1. 飲ませ　2. 食べさせる　3. させ　走らせ　4. 通わせ

16. 使役受身形　102ページ

問題　1. 食べさせられ　2. させられ　3. 洗わせられた

17. 受身形・使役形・使役受身形　103ページ

問題　1. b　2. b　3. c　4. a

文化 日本語 WORKBOOK ❷

초판발행	2014년 1월 15일
1판 3쇄	2025년 7월 30일
저자	文化外国語専門学校　日本語科
책임 편집	조은형, 김성은, 오은정, 무라야마토시오
펴낸이	엄태상
콘텐츠 제작	김선웅, 장형진
마케팅	이승욱, 노원준, 조성민, 이선민, 김동우
경영기획	조성근, 최성훈, 김로은, 최수진, 오희연
물류	정종진, 윤덕현, 신승진, 구윤주
펴낸곳	시사일본어사(시사북스)
주소	서울시 종로구 자하문로 300 시사빌딩
주문 및 교재 문의	1588-1582
팩스	0502-989-9592
홈페이지	www.sisabooks.com
이메일	book_japanese@sisadream.com
등록일자	1977년 12월 24일
등록번호	제 300-2014-92호

©Bunka Institute of Language 2013, Printed in Japan

ISBN 978-89-402-9139-9 13730
　　　 978-89-402-9137-5 13730 (set)

*이 책의 내용을 사전 허가 없이 전재하거나 복제할 경우 법적인 제재를 받게 됨을 알려 드립니다.
*잘못된 책은 구입하신 서점에서 교환해 드립니다.
*정가는 표지에 표시되어 있습니다.